Marion Dawidowski

Lustige Figuren-Kissen

OZ creativ

Liebe Leserin, lieber Leser,

Marion Dawidowski hat bereits verschiedene erfolgreiche Titel im Christophorus-Verlag veröffentlicht. Ihre originellen, ideenreichen und sorgfältig gearbeiteten Motive sprechen Kinder genauso wie Erwachsene an.

damit Sie sich schnell orientieren und einschätzen können, wie Sie am besten vorgehen, beantworte ich einige Fragen vorab:

Welches Material und welches Zubehör benötige ich?
Auf den Anleitungsseiten sind die Angaben für jedes Modell genau aufgelistet. Die Stoffe liegen in der Regel 140–150 cm breit auf den Ballen. Um auch Reste verwenden zu können, habe ich die benötigte Breite ebenfalls angegeben. Kopierpapier, Stecknadeln, Nähnadeln, Lineal, Geodreieck, Textilkleber, Schneiderkreide und Scheren für Papier und Stoff (und mit dieser immer nur Stoff schneiden!) sollten Sie bereitlegen.

Woher bekomme ich meine Schnittmuster?
Die Schnittmuster für die Modelle finden Sie auf dem Vorlagenbogen. Der Beschriftung des Schnittmusters können Sie entnehmen, um welches Modell es sich handelt, aus welcher Art von Stoff (Baumwollstoff, Nickistoff, etc.) es zugeschnitten wird und wie häufig Sie jedes Teil benötigen. Pausen Sie die Vorlagen mit einem Bleistift auf Transparentpapier durch und schneiden Sie sie aus. Sie können die Vorlagen auch mit Kopierpapier für Schnittmuster übertragen oder sie einfach im Copyshop kopieren. Denken Sie daran, den Fadenlauf und alle Markierungen auch auf den Papierschnitt zu übertragen.

Wie schneide ich richtig zu?
Das Papierschnittteil so auf die linke Stoffseite auflegen, dass der Fadenlauf (eingezeichneter Pfeil auf dem Schnittmuster) parallel zur Webkante liegt. Bei extrem kleinen Teilen kann der Fadenlauf manchmal vernachlässigt werden. Das Papierschnittteil mit Stecknadeln auf dem Stoff feststecken und mit der Schneiderkreide umfahren. Denken Sie daran, auch Markierungen, z. B. für Abnäher, auf den Stoff zu übertragen.
Beim Zuschneiden ringsum 1 cm Stoff als Nahtzugabe stehen lassen. Bei einigen Schnittteilen entfällt die Nahtzugabe, dieses ist bei den einzelnen Anleitungen unter dem Punkt „Zuschneiden" vermerkt.

Wie nähe ich das Modell?
In den Einzelanleitungen wird unter dem Punkt „Nähen" genau beschrieben, wie das Kissen oder die Figur genäht wird. Weitere Angaben finden Sie auch auf Seite 8/9, in der „Nähschule" auf Seite 58/59 und im „Näh-ABC" auf Seite 60/61.

Viel Spaß beim Nähen wünscht

Inhalt

Schwierigkeitsgrade

★ = *für Anfänger*

★★ = *für Fortgeschrittene*

Material

Stoffe

• Damit die Kissen schön kuschelig werden, eignen sich Plüsch und Nickistoff gut. Für die hier gezeigten Modelle wurde überwiegend **Baumwollplüsch** verwendet, der sehr hautsympathisch und in vielen Farben und Haarlängen erhältlich ist. Die Firma Westfalenstoffe bietet eine große Auswahl an.

• Auch **Synthetikplüsch**, z. B. in Tierfelloptik, ist empfehlenswert (als Zuschnitte bei der Firma KnorrPrandell erhältlich).

• Farbige Akzente setzen bunte **Baumwollstoffe**. Besonders für Sitzsäcke und Bodenkissen sollten Sie feste Baumwoll- oder Polsterstoffe auswählen.

• Für Augen, Nase und Mund eignet sich **Wildlederimitat** sehr gut (Pfotenstoff für Teddybären). Hierbei entfällt ein Versäubern der Schnittkanten, da das Material nicht ausfranst. Die Firma Bärenstübchen Blümmel bietet eine große Farbpalette als Zuschnitte in der Größe 20 x 30 cm an. Ersatzweise kann auch Filz verwendet werden, dieser ist jedoch nicht so haltbar.

Garne

Bei der Auswahl stets auf gute Qualität achten. **Synthetikgarne** sind sehr reißfest und fast unverwüstlich. **Heftgarn** (Reihgarn) besteht aus lose verzwirnter Baumwolle und kann deshalb leicht zerrissen und rasch nach dem Nähen entfernt werden. Das **Nähgarn** eine Schattierung dunkler wählen als den Stoff, die Naht fällt dann weniger auf.

Füllmaterial

• **Synthetikwatte:** Ein preiswertes Füllmaterial, mit dem sowohl locker als auch fest gestopft werden kann. Synthetikwatte ist für Allergiker geeignet und bis 30 °C waschbar.

• **Schafwolle:** Kardierte (gekämmte) Schafwolle eignet sich ebenfalls gut zum Füllen, ist jedoch teurer als Synthetikwatte.

• **Vorgefertigte Kissenfüllungen:** Hier ist das Füllmaterial in einen dünnen Stoff (meist Baumwollstoff) eingenäht.

Diese Kissenfüllungen in quadratischer und rechteckiger Form gibt es in verschiedenen Größen und mit unterschiedlichen Materialfüllungen.

• **Kunststoffgranulat:** Dieses Material gibt den Formen mehr „Beweglichkeit" und liegt griffig in der Hand. Beim Kauf auf Lebensmittelechtheit achten. Achtung: Nicht für Kleinkinderkissen verwenden, denn das Granulat könnte beim Aufplatzen einer Naht verschluckt werden!

• **Kirschkerne:** Füllmaterial für Wärme- und Kältekissen. Einfach in der Mikrowelle (je nach Größe max. 1 Min.), im Backofen oder im Gefrierfach auf die gewünschte Temperatur bringen.

• **Getreide:** Dieses Material eignet sich für größere Wärme- oder Kältekissen gut. Am besten Dinkel verwenden.

• **Kräuter:** Unterschiedliche getrocknete Kräuter in einem Säckchen einnähen und in das Kissen geben. Je nach Inhalt können Kräuter beruhigen oder die Stimmung heben. Sie duften auch sehr gut.

• **Holzkugeln:** Eine teilweise Füllung aus Rohholzkugeln (ab 4 cm Ø) ergibt einen leichten Massageeffekt und spricht Tast- und Greifsinn an.

• **Geräuschteile:** Von der Bärenstimme über Rasselkugeln, Quietscher und Musikwerke mit unterschiedlichen Melodien gibt es viele Möglichkeiten. Einige dieser Materialien können bei einer Handwäsche sogar im Kissen verbleiben.

Tipps

• Für alle Wärmekissen gilt: Wählen Sie beim ersten Erwärmen der Kissen in der Mikrowelle zunächst eine kurze Zeit, z. B. 1 Minute. Die Zeit im Minutentakt verlängern, bis die gewünschte Temperatur erreicht ist. Ist die Füllung einmal überhitzt, also verbrannt, kann sie nur noch ausgetauscht werden.

• Kissen für kleine Kinder besonders sorgfältig arbeiten. Getreide oder Kirschkerne besser in ein separates Innenfutter einnähen. Zum Ausschmücken der Kissen auf verschluckbare Teile wie Knöpfe etc. verzichten.

• Kissen, in denen eine Getreide- oder Kirschkernfüllung fest eingenäht ist, dürfen keine Knöpfe aus Metall bekommen (wegen der Verbrennungsgefahr in der Mikrowelle oder im Backofen).

1 Synthetikwatte
2 Schafwolle
3 Kirschkerne
4 Getreide
5 Kunststoffgranulat
6 Rasselkugeln

Nähen

Mit der Hand nähen

Mit dem **Heftstich** werden Stoffteile provisorisch zusammengenäht.

Der **Steppstich** wird für Handnähte verwendet. Er ist sehr haltbar.

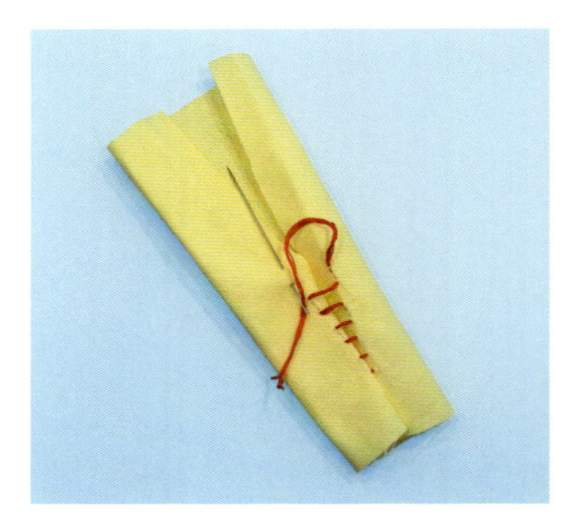

Mit dem **Matratzenstich** können Nähte unsichtbar von Hand geschlossen werden.

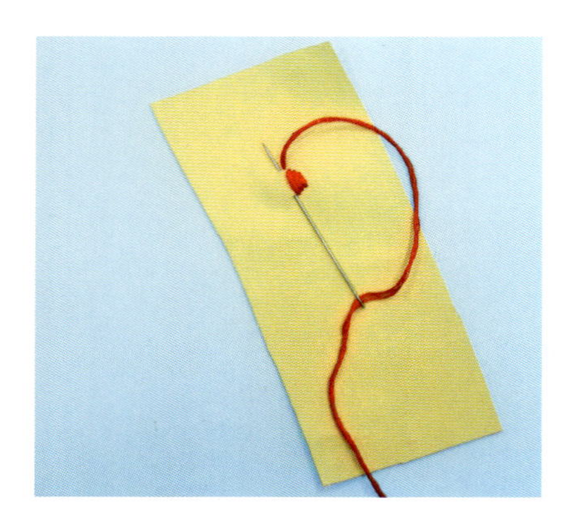

Augen und Mund der Figuren am besten mit dem **Spannstich** sticken.

Bei großen Kissen den Mund mit dem **Kettenstich** aufnähen.

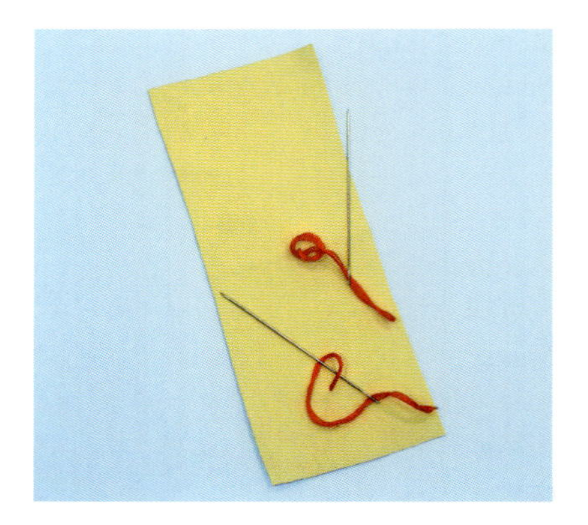

Mit dem **Knoten** können Fadenenden auf beiden Stoffseiten gesichert werden.

Mit der Maschine nähen

Die Nähmaschine

Je nach Nähmaschinen-Modell sieht die Fadenführung, Fadenspannung etc. anders aus. Hinweise dazu finden Sie im Handbuch Ihres Geräts. Die Fadenspannung der Nähmaschine muss der Stoffart entsprechend reguliert werden, damit ein gleichmäßiges Nahtbild entsteht. Am besten zunächst auf einem Stoffrest eine Probenaht nähen. Ist die Fadenspannung nicht richtig eingestellt, bilden sich auf der einen Stoffseite kleine Schlingen, auf der anderen Seite ist der Faden straff gespannt. Die zu verwendende Stärke der Nähmaschinen-Nadel hängt von der Stoff- und Garnstärke ab. Wenn der Faden oft reißt oder das Stichbild unregelmäßig ist, kann dies an einer schadhaften Nadel liegen.

Vorbereitung des Stoffs

Die Stoffkanten vor dem Zusammennähen der Teile mit Zickzackstich umnähen („versäubern"), um ein späteres Ausfransen und Aufreißen der Nähte zu verhindern. Eine Ausnahme ist Nickistoff. Da sich dieser Stoff leicht verzieht, empfiehlt es sich, die Nahtzugaben nach dem Nähen der Naht zu versäubern.

Stoffteile heften und nähen

Üblicherweise werden die einzelnen Stoffteile mit Stecknadeln zusammengesteckt, hierbei die Nadeln immer quer zur Nährichtung stecken und beim Nähen Stück für Stück herausziehen. Sonst kann die Nähnadel abbrechen.

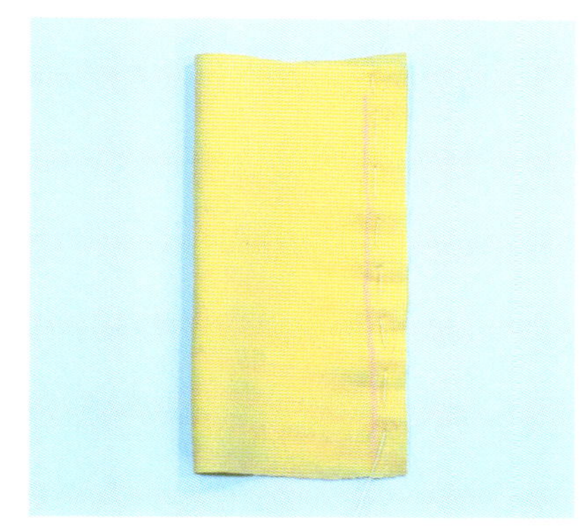

Häufig ist ein Zusammenheften mit Reihgarn sinnvoll, z. B. beim Einnähen schwieriger Formen. So können die Stoffteile beim Nähen nicht verrutschen oder Falten werfen. Den Heftfaden nach dem Nähen wieder entfernen.

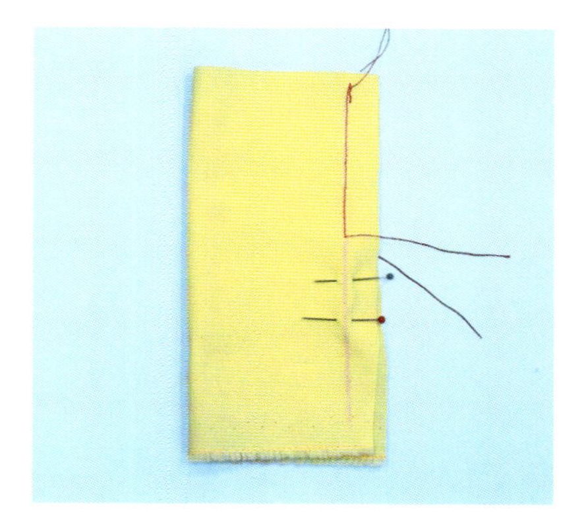

Beim Zusammennähen die Stoffteile, sofern nicht anders erwähnt, mit ihren rechten Seiten aufeinanderlegen (rechts auf rechts) und den Linien der Schneiderkreide folgen, also 1 cm von der Schnittkante entfernt.

Wenden

Zum Wenden das Nähgut umstülpen, sodass anschließend die andere Stoffseite außen liegt. Bei rundum laufenden Nähten dafür erst einmal ein Stück der Naht offen lassen, dies wird als Wendeöffnung bezeichnet. An runden Formen oder engen Kurven die Nahtzugabe zunächst mehrmals bis kurz vor die Naht einschneiden. Dann das Nähgut durch die Öffnung wenden. Durch das Wenden bleiben die Nähte unsichtbar (Fachbegriff: Verstürzen). Die noch offene Naht je nach Anleitung in einem anderen Schnittteil zwischenfassen oder von Hand mit dem Matratzenstich schließen.

Besondere Stoffe nähen

Einige Stoffe, z. B. Nickistoffe, sind etwas schwierig zu verarbeiten, da sie sich beim Nähen leicht verziehen und an den Stoffkanten einrollen. Andere Stoffe gleiten schlecht unter dem Füßchen der Nähmaschine. Bei solchen Stoffen am besten einen Bogen Seidenpapier beim Nähen unter den Stoff bzw. den Stoff zwischen zwei Bögen Seidenpapier legen, alles zusammenheften (Abb. 1) und auf dem Papier nähen. Das Papier anschließend an der Nahtlinie abreißen (Abb. 2).

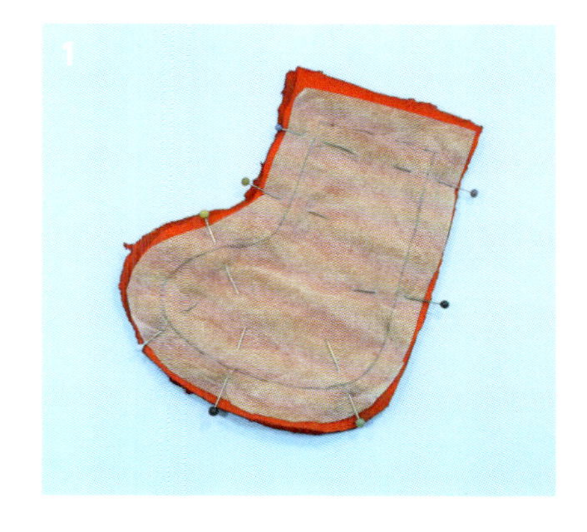

1

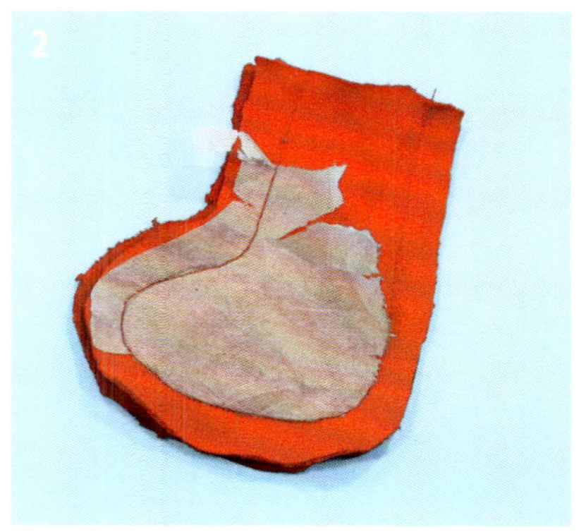

2

Lieber Hund

Größe
50 cm

Vorlagen
1–8, Vorlagenbogen

Schwierigkeitsgrad
★★

Tipp
Dieses Figurenkissen kann auch mit einem Körnerkissen gefüllt werden, da es einen Reißverschluss enthält.

MATERIAL

- Baumwollplüsch in Hellbraun, 42 x 85 cm
- Baumwollstoff mit Kringeln, 14 x 50 cm
- Baumwollstoff mit Blümchen, 17 x 20 cm
- Lederimitat in Braun
- Reißverschluss in Hellgrün, 22 cm
- Nähgarn in Hellgrün, Braun
- Stickgarn in Schwarz
- Füllwatte, ca. 300 g

ZUSCHNEIDEN

Nach den Vorlagen 1 bis 8 die Schnittmuster erstellen und den Stoff zuschneiden (siehe Seite 4). Die Nase ohne Nahtzugabe anfertigen.

NÄHEN

Die Ohrenteile, je eines aus Plüsch und eines aus Baumwollstoff, rechts auf rechts heften, nähen und wenden.

Die Nasenteile auf die Kopfseitenteile nähen (siehe Seite 59). Die Abnäher bis kurz vor der Markierung einschneiden und den Stoff rechts auf rechts aufeinanderlegen, dabei die Ohren mit der offenen Kante zwischenlegen. Darauf achten, dass die Ohrinnenseite zur Nasenspitze liegt. Die Abnäher heften und nähen. Die Kopfnaht schließen, den Hals zum Wenden offen lassen. Den Kopf mit Füllwatte ausstopfen. An der Halsöffnung Nähgarn im Heftstich einziehen, den Stoff damit zusammenziehen und den Faden vernähen.

Die Arme, die Füße und den Schwanz rechts auf rechts heften, nähen und wenden. Alle Teile mit etwas Füllwatte füllen. Die Körperseitenteile rechts auf rechts heften und die Nahtabschnitte A–B und C–D (hier den Schwanz zwischenfassen) nähen. Den Reißverschluss von B–C einnähen (siehe Detailfoto und Seite 58).

Die Naht E–F schließen. Am Bauchteil den Abnäher nähen. Das Bauchteil rechts auf rechts zwischen die Körperseitenteile heften, dabei die Arme und Beine laut Schnittmarkierungen zwischenfassen und einnähen. Den Körper wenden.

FERTIGSTELLEN

Die Nahtzugabe am Hals nach innen einschlagen, den Kopf in die Öffnung stecken und von Hand rundherum annähen. Augen und Mund mit Spannstich (siehe Seite 8) aufsticken. Den Körper locker mit Watte füllen.

Bär, Katze, Kuh

Größe
43 cm

Vorlagen
9–15, Vorlagenbogen

Schwierigkeitsgrad
★

MATERIAL

Für alle Modelle

- Füllwatte, ca. 350 g
- Stickgarn in Schwarz

Bär

- Baumwollplüsch in Braun, 45 x 90 cm
- Baumwollstoff, gemustert, 12 x 12 cm
- Nickistoff in Beige, 12 x 40 cm
- Lederimitat in Braun, Schwarz
- Nähgarn in Beige, Braun, Schwarz

Katze

- Baumwollplüsch in Gelb, 45 x 90 cm
- Baumwollstoff, gemustert, 12 x 12 cm
- Nickistoff in Rosa, 12 x 25 cm
- Lederimitat in Schwarz
- Nähgarn in Gelb, Rosa, Schwarz

Kuh

- Baumwollplüsch in Hellbraun, 45 x 90 cm
- Baumwollstoff, gemustert, 12 x 12 cm
- Nickistoff in Rosa, 12 x 40 cm
- Nickistoff in Beige, 10 x 30 cm
- Lederimitat in Schwarz
- Nähgarn in Rosa, Hellbraun, Schwarz

ZUSCHNEIDEN

Nach den Vorlagen 9–15 die Schnittmuster erstellen und den Stoff zuschneiden (siehe Seite 4). Die Nasenspitze beim Bären ohne Nahtzugabe anfertigen.

NÄHEN

Für die Ohren jeweils einen Zuschnitt aus Plüsch und einen aus Nickistoff bzw. Karostoff (und Hörner für die Kuh) rechts auf rechts heften, nähen und wenden. Laut Vorlage eine Ohrkante bis zur Markierung umlegen bzw. eine Falte legen und heften.

Für den Bären die Nasenspitze auf ein Nasenteil nähen (siehe Seite 59). Die Nasenteile der drei Tiere rechts auf rechts heften und nähen (Wendeöffnung beachten). Die Teile wenden, locker füllen und die Wendeöffnung von Hand im Matratzenstich (siehe Seite 8) schließen.

Die Nasen auf dem Körperteil platzieren und etwas nach innen versetzt von Hand rundherum annähen (siehe Detailfoto). Die Augen aufnähen und den Mund aufsticken, dabei bei der Kuh und dem Bären bis durch den Körperstoff stechen, dann wird es plastischer. In gleicher Weise bei der Kuh zwei Nasenlöcher markieren.

Die Körperteile rechts auf rechts heften, die Ohren (und die mit Watte gefüllten Hörner der Kuh) laut Vorlage zwischenfassen, die Ohrinnenseite liegt zum Gesicht. Die Körpernaht schließen, dabei eine Wendeöffnung lassen.

FERTIGSTELLEN

Die Kissen wenden, mit Füllwatte ausstopfen und die Wendeöffnung von Hand mit Matratzenstich schließen.

Kleiner Drache

Größe
65 cm

Vorlagen
16–21, Vorlagenbogen

Schwierigkeitsgrad
★★

Tipp
Zum Füllen des Körpers eignen sich Styroporperlen auch sehr gut. Sie sind jedoch etwas teurer als Schaumstoffflocken.

MATERIAL

- Fester Baumwollstoff in Grün, 85 x 60 cm
- Samt in Blau, 52 x 100 cm
- Lederimitat in Weiß, Beige, Rot
- Reißverschluss in Blau, 20 cm
- Nähgarn in Weiß, Beige, Rot, Blau, Grün
- Stickgarn in Schwarz
- Füllwatte, ca. 400 g (Kopf)
- Schaumstoffflocken (Körper)

ZUSCHNEIDEN

Nach den Vorlagen 16–21 die Schnittmuster erstellen und den Stoff zuschneiden (siehe Seite 4). Die Augen ohne Nahtzugabe anfertigen, an der Nasenspitze nur zur Naht des Nasenteils eine Zugabe berücksichtigen.

NÄHEN

Die Zuschnitte für den Zackenkamm und den Flügel (Wendeöffnung beachten) rechts auf rechts heften, nähen und wenden. An dem Flügel die Öffnung im Matratzenstich (siehe Seite 8) schließen. Jeweils ein blaues und ein grünes Ohrteil rechts auf rechts nähen und wenden. Laut Vorlage eine Ohrkante bis zur Markierung umlegen und heften.

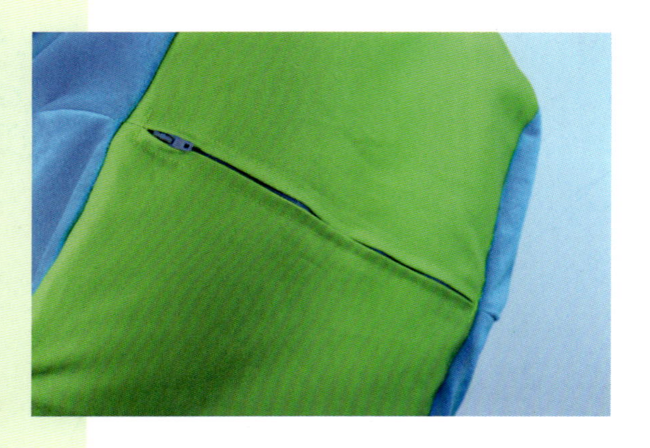

Die Augen auf das Körperseitenteil nähen (siehe Seite 59) und die Pupillen aufsticken. Die beiden Seitenteile an der unteren geraden Kante auf jeder Seite bis zur Markierung rechts auf rechts zusammennähen. Den Reißverschluss einnähen (siehe Seite 58 und Detailfoto) und aufziehen.

Die Abnäher an den Kopfteilen rechts auf rechts heften, dabei die Ohren zwischenfassen (siehe Seite 61), das blaue Innenohr zeigt zum Gesicht. Nun die Abnäher nähen. Die obere Kopfnaht rechts auf rechts von A–B heften, den Zackenkamm mit der offenen Kante mitfassen. Die Naht bis zur Markierung B nähen. Die Kinnnaht C–D rechts auf rechts schließen.

An Bauch- und Rückenteil die Abnäher nähen und die Teile rechts auf rechts in die Seitenteile einheften und annähen.

Die Nasenspitzen auf die Nasenteile nähen. Die Abnäher nähen und beide Teile rechts auf rechts von A über die Nasenspitze nach C zusammennähen. Das Nasenteil auf rechts wenden, in die Kopföffnung heften und annähen.

FERTIGSTELLEN

Den Drachen auf rechts wenden und den Flügel am Rücken annähen. Den Mund aufsticken. Den Kopf gut mit Füllwatte stopfen, den Körper locker mit Schaumstoffflocken füllen.

Fröhliches Zebra

Größe
50 cm

Vorlagen
22–25, Vorlagenbogen

Schwierigkeitsgrad
★★

Tipp
Nach dem gleichen Schnitt, aber mit einem anderen Stoff, wird aus dem fröhlichen Zebra ein niedliches Pony.

MATERIAL

- Plüsch „Zebra", Haarlänge 8 mm, 3 Zuschnitte à 50 x 70 cm
- Nickistoff in Rosa, 16 x 55 cm
- Baumwollstoff in Weiß, 100 x 140 cm
- Baumwollstoff in Schwarz, 15 x 50 cm
- Lederimitat in Weiß
- Reißverschluss, 20 cm
- Nähgarn in Weiß, Rosa, Schwarz
- Stickgarn in Schwarz
- Füllwatte, ca. 400 g (Kopf)
- Schaumstoff oder Schaumstoffflocken (Sitzsack)

ZUSCHNEIDEN

Da der Plüsch sehr dehnbar ist, werden alle Plüschteile (außer den Ohren und dem Schwanz) mit weißem Baumwollstoff unterlegt. Hierfür die Schnittteile auf den Baumwollstoff übertragen und beim Zuschneiden den Plüsch (linke Stoffseite oben) gleich darunterlegen.

Für den Sitzsack ein Plüschstück längs halbieren, 25 x 70 cm. Für Deckel und Boden einen Papierkreis mit 42 cm Ø als Schnitt vorbereiten und zweimal aus beiden Stoffen zuschneiden. Für das Maul und die Haare an Kopf und Schwanz aus dem schwarzen Baumwollstoff sieben Streifen, je 5 x 13 cm, zuschneiden.

NÄHEN

Sitz

Die Zuschnitte aus Baumwollstoff mit Stecknadeln auf der linken Seite der Plüschteile fixieren und in einem Arbeitsgang versäubern. Die langen Plüschstreifen rechts auf rechts an einer Schmalseite zusammennähen, auf der anderen Seite den Reißverschluss anbringen (siehe Seite 58) und aufziehen.

Den Deckel und den Boden rechts auf rechts einheften, annähen und das fertige Teil wenden.

Kopf

Die Ohren, je einen gestreiften und einen rosafarbenen Zuschnitt, rechts auf rechts nähen und wenden. Laut Vorlage eine Ohrkante bis zur Markierung umlegen und heften. Die Augen auf die Kopfseitenteile nähen und die Pupillen aufsticken. Die Abnäher rechts auf rechts heften, dabei die Ohren zwischenfassen (siehe Seite 61) und nähen.

Die Mähne im Stoffbruch zusammenlegen und die kurzen Nähte schließen, wenden. Sechs Baumwollstreifen für die Haare jeweils rechts auf rechts doppelt legen, eine Schmalseite und die lange Seite nähen und wenden. Die Kopfseitenteile rechts auf rechts heften, drei Haare in Höhe der Abnäher und die Mähne (Markierung der Vorlage) zwischenfassen. Die Nähte A–B und C–D nähen.

An den Schnauzenteilen die Abnäher nähen. Jeweils zwei gegengleiche Teile rechts auf rechts heften und die Naht E–F nähen. Die beiden entstandenen Maulteile rechts auf rechts heften, dabei den siebten Baumwollstoff-Streifen doppelt gelegt zwischenfassen und die seitliche Maulnaht G–F–G nähen. Das Maulteil wenden, in die Kopföffnung heften (E auf A bzw. C) und annähen.

FERTIGSTELLEN

Den Kopf wenden, mit Füllwatte ausstopfen und mit eingeschlagenen Nahtzugaben auf dem Sitzkissen annähen. Für den Schwanz aus dem Zebra-Plüsch einen Streifen, 7 x 23 cm, schneiden, doppelt legen und beim Nähen an der Schmalseite drei „Haare" mitfassen. Den Schwanz wenden, die Nahtzugabe einschlagen und am Sitzkissen annähen.

Trostschaf

Größe
45 cm

Vorlagen
26–33, Vorlagenbogen

Schwierigkeitsgrad
★★

MATERIAL

- Plüsch in Weiß, 36 x 110 cm
- Tierfellimitat „Leopard", Haarlänge 2,5 mm, 16 x 52 cm
- Nickistoff in Beige, 25 x 65 cm
- Lederimitat in Weiß, Braun
- Nähgarn in Weiß, Beige, Braun
- Stickgarn in Schwarz
- Füllwatte, ca. 400 g

ZUSCHNEIDEN

Nach den Vorlagen 26–33 die Schnittmuster erstellen und den Stoff zuschneiden (siehe Seite 4). Die Augenteile ohne Nahtzugabe anfertigen.

NÄHEN

Die Ohren (jeweils einen Zuschnitt aus Plüsch und einen aus Tierfellimitat) und die Arme rechts auf rechts heften, nähen und wenden. Die Arme locker mit Watte füllen.

Jeweils zwei Körperteile an den Seitennähten B–C rechts auf rechts nähen, dabei die Arme zwischenfassen (siehe Seite 61). An die so entstandenen Körperseitenteile je ein Kopfseitenteil rechts auf rechts nähen (E–B–E).

An der Tasche die Abnäher nähen, die Ränder versäubern und die Tasche auf die rechte Stoffseite eines Körpervorderteils (die Öffnung für das Schnauzenteil am Kopf beachten) aufnähen (Abb. 1).

Die Abnäher der Kopfteile rechts auf rechts heften, dabei die Ohren zwischenfassen. Die Ohrinnenseite aus Tierfell liegt zum Gesicht. Die Bauchnaht (D–E–F) und die Rückennaht (A–E–F) nähen, im Rücken eine Wendeöffnung lassen.

Die untere Beinnaht schließen, G–F–G. Die Sohlen in die Füße heften und annähen (siehe Seite 58).

Die Augen auf das obere Schnauzenteil nähen (siehe Seite 59) und die Pupillen aufsticken. Die Abnäher rechts auf rechts nähen und die Schnauzenteile rechts auf rechts (H–I) zusammennähen. Das Schnauzenteil wenden, in die Kopföffnung heften und annähen.

FERTIGSTELLEN

Das Schaf mit Füllwatte stopfen und die Wendeöffnung von Hand im Matratzenstich schließen. Die Nasenspitze etwa 1,5 cm herunterschlagen und an der Spitze annähen. Den Mund aufsticken (Abb. 2).

1

2

Kleine Ratten

Größe
25 cm

Vorlagen
34–38, Vorlagenbogen

Schwierigkeitsgrad
★★

Tipp
Leicht lässt sich ein bereits vorhandenes Kissen mit den kleinen Ratten aufwerten. Für Kleinkinder das Kunststoffgranulat durch Reis ersetzen und die Pupillen nur aufsticken.

MATERIAL

Kissen

- Handtuch in Dunkelrot, 50 x 100 cm
- Nickistoff in Rosa, 17 x 17 cm
- Klettband, beide Seiten, je 50 cm
- Nähgarn in Dunkelrot, Schwarz

Für eine Ratte

- Nickistoff oder Tierfellplüsch, 2,5 mm Haarlänge, 28 x 54 cm
- Nickistoff in Rosa, 12 x 30 cm
- Lederimitat in Weiß
- Nähgarn in Weiß, Rosa
- 2 Perlen in Schwarz, 6 mm Ø
- Kunststoffgranulat, ca. 200 g

ZUSCHNEIDEN

Nach den Vorlagen 34–38 die Schnittmuster erstellen und den Stoff zuschneiden (siehe Seite 4). Die Augen aus dem Lederimitat ohne Nahtzugabe anfertigen.

NÄHEN

Kissen

Das Kissen aus dem Handtuch, wie auf Seite 24 beschrieben, nähen. Dabei vor dem Schließen der Seitennähte eine Tasche aus Nickistoff aufnähen. Eine Kante des Zuschnitts versäubern und knappkantig umnähen, an den anderen drei Seiten den Stoff 0,5 cm zur linken Stoffseite umschlagen und knappkantig von rechts auf das Kissen nähen.

Ratte

Den Zuschnitt für den Schwanz rechts auf rechts doppelt legen, nähen und wenden. Für die Ohren je ein rosafarbenes Teil und einen Zuschnitt aus Körperstoff rechts auf rechts heften, nähen und wenden. Laut Vorlage eine Ohrkante umlegen und heften. An den Körperseitenteilen die Abnäher (siehe Seite 60) rechts auf rechts zusammenlegen, die Ohren zwischenfassen, die rosafarbene Seite zeigt zur Nasenspitze. Die Abnäher nähen.

Die Seitenteile rechts auf rechts heften, den Schwanz laut Vorlage mitfassen und die Rückennaht A–B nähen. Die Seitenteile rechts auf rechts auf das Bauchteil heften und nähen (Wendeöffnung beachten). Die Ratte wenden, mit Granulat füllen und die Öffnung von Hand im Matratzenstich (siehe Seite 8) schließen.

FERTIGSTELLEN

Die Perlen als Pupillen auf das Augenweiß nähen. Die Augen mit Textilkleber am Kopf fixieren. Den Mund aufsticken.

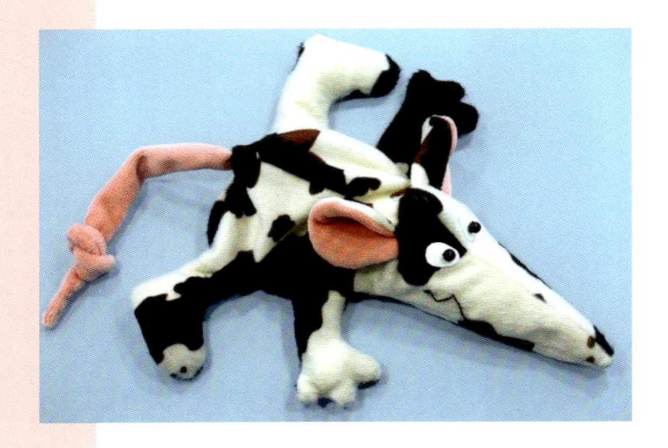

Roter Teufel

Größe
45 cm

Vorlagen
39–42, Vorlagenbogen

Schwierigkeitsgrad
★

MATERIAL

- Baumwollplüsch in Rot, 45 x 100 cm
- Nickistoff in Schwarz, 14 x 40 cm
- Lederimitat in Weiß
- 2 Knöpfe in Schwarz, 2 cm Ø
- Wolle in Schwarz
- Nähgarn in Rot, Schwarz
- Stickgarn
- Füllwatte, ca. 400 g

ZUSCHNEIDEN

Nach den Vorlagen 39–42 die Schnittmuster erstellen und den Stoff zuschneiden (siehe Seite 4). Die Augen ohne Nahtzugabe aus Lederimitat anfertigen.
Für die Nase einen Kreis von 14 cm Ø aus Nickistoff schneiden.

NÄHEN

Für die Ohren und die Hörner je zwei gegengleiche Zuschnitte rechts auf rechts heften, nähen und wenden. Die Hörner mit etwas Watte füllen. Die Kissenteile versäubern. Jeweils zwei gegengleiche Kissenteile an der Mittelnaht rechts auf rechts zusammennähen, dabei an einem Teil eine etwa 20 cm große Wendeöffnung (Hinterkopf) lassen. Die Augen auf das entstandene Vorderteil nähen (siehe Detailfoto). Die Augenbrauen und den Mund im Kettenstich (siehe Seite 8) sticken.

Die zwei so entstandenen Kissenteile rechts auf rechts heften, die Ohren und Hörner laut Vorlage zwischenfassen (siehe Seite 61), ebenso ein Büschel Wollfäden für die Haare. Die Naht rundherum nähen und das Kissen wenden.

FERTIGSTELLEN

Die Knöpfe als Pupillen annähen. Den Kreis aus Nickistoff 1 cm vom Rand mit Nähgarn einreihen, zusammenziehen und dabei mit Watte füllen. Den Faden vernähen und die Nase am Kissen annähen. Das Kissen mit Füllwatte ausstopfen und die Wendeöffnung von Hand mit Matratzenstich schließen (siehe Seite 8).

Was guckst Du?

Größe
50 cm

Vorlagen
43–50, Vorlagenbogen

Schwierigkeitsgrad
★

Tipp
Die Kissen können auch größer gearbeitet werden, z. B. mit großen Badehandtüchern. Hierfür die Länge des Klettbands der Breite des Handtuchs anpassen. Die Vorlagen für die Gesichter und die Arme auf einem Kopierer etwas vergrößern.

MATERIAL

Für jedes Kissen

- Handtuch in entsprechender Farbe, 50 x 100 cm
- Klettband in Schwarz, beide Seiten, je 50 cm
- 2 Pompons
- Kissenfüllung, 50 x 50 cm

Rotes Kissen

- Baumwollplüsch in Rot, 38 x 60 cm
- Lederimitat in Weiß
- Nähgarn in Rot, Schwarz
- Füllwatte (Rest)

Blaues Kissen

- Baumwollplüschrest in Rot
- Lederimitat in Weiß, Rot
- Nähgarn in Weiß, Rot, Blau, Schwarz

Braunes Kissen

- Baumwollband in Beige, 3 cm breit, 75 cm lang
- Lederimitat in Weiß
- Nähgarn in Weiß, Beige, Schwarz

ZUSCHNEIDEN

Nach den Vorlagen 43–50 die Schnittmuster erstellen und den Stoff zuschneiden (siehe Seite 4). Die runden Augen und die Nase ohne Nahtzugaben aus dem Lederimitat anfertigen. Für das braune Kissen die Augenbrauen aus einem Rest des weichen Klettbands schneiden.

NÄHEN

Vorbereitende Näharbeiten

Für das **rote Kissen** je zwei gegengleiche Armzuschnitte rechts auf rechts heften, nähen und wenden. Für die Vorderseite der Augen jeweils einen Zuschnitt aus Lederimitat und einen aus Plüsch an der Trennlinie rechts auf rechts nähen. Dann das vordere und hintere Augenteil rechts auf rechts nähen und wenden. Die Ohren für das **blaue Kissen** nähen und wenden.

Kissen

Das Klettband an den Schmalseiten der Handtücher auf einer Seite auf die rechte Stoffseite und auf der anderen Seite auf die linke Stoffseite nähen, sodass man sie zusammenkletten kann (Abb. 1). Für einen guten Halt das Klettband knappkantig an beiden Rändern aufnähen. Das Handtuch an den Klettbändern schließen und so flach hinlegen, dass der Klettverschluss etwa 3 cm von der Unterkante entfernt liegt. Die entstandenen Bruchkanten mit Nadeln markieren (Abb. 2).

Das blaue und das braune Handtuch auseinanderlegen und jeweils innerhalb des abgesteckten Felds das Gesicht platzieren und heften, ebenso bei dem braunen Kissen das Baumwollband diagonal von Ecke zu Ecke. Alle Einzelteile aufnähen (siehe Seite 59). Die Kissen auf links wenden, dabei die Bruchkanten wie oben beschrieben legen. Bei dem blauen Kissen ein Ohr in der Seitennaht (Höhe der Augen) und bei dem roten Kissen die Arme (halbe Kissenhöhe) zwischenfassen und die Seiten zusammennähen. Die Kissen wenden.

FERTIGSTELLEN

Für das rote Kissen die Augen mit Füllwatte stopfen, die Nahtzugabe einschlagen und die Augen am Kissen annähen. Am blauen Kissen das zweite Ohr annähen, dabei die Nahtzugabe nach innen umschlagen. Die Pompons als Pupillen aufnähen. Die Kissenfüllungen in die Kissen geben.

Bunter Vogel

Größe
28 x 58 cm

Vorlagen
51–54, Vorlagenbogen

Schwierigkeitsgrad
★

MATERIAL

- Nickistoff in Blau, gepunktet, 33 x 85 cm
- Nickistoff, gestreift, 18 x 50 cm
- Nickistoff in Gelb, 13 x 50 cm
- Lederimitat in Weiß, Schwarz
- Nähgarn in Weiß, Gelb, Hellblau, Schwarz
- Füllwatte, ca. 200 g

ZUSCHNEIDEN

Nach den Vorlagen 51–54 die Schnittmuster erstellen und den Stoff zuschneiden (siehe Seite 4). Die Augen und die Pupillen aus Lederimitat ohne Nahtzugaben anfertigen.

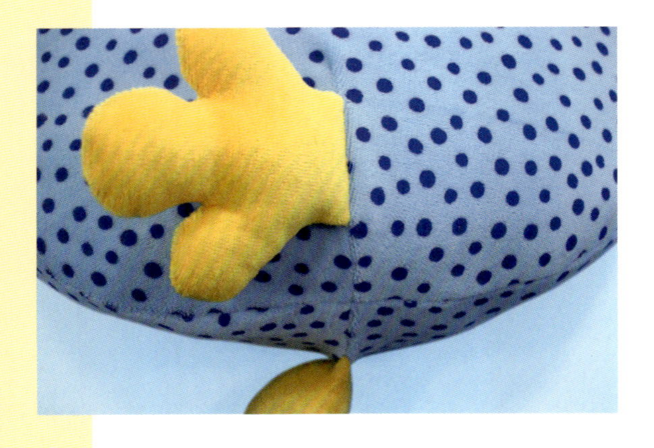

NÄHEN

Für die Füße und den Schwanz jeweils zwei Zuschnitte rechts auf rechts heften, nähen und wenden. Anschließend locker mit Watte füllen.

Die Augen und die Pupillen auf die Körperteile nähen (siehe Seite 59). Die Schnabelteile von B nach C rechts auf rechts an die Körperteile nähen.

Die Abnäher am Körper rechts auf rechts heften, an dem großen Abnäher am Bauch die Füße zwischenfassen und nähen (siehe Detailfoto).

Die Körperteile rechts auf rechts heften, den Schwanz laut Markierung der Vorlage zwischenfassen. Die Naht A–B–C–D nähen. Den Schwanz etwas einschlagen und von D–E nähen.

FERTIGSTELLEN

Den Vogel wenden und mit Füllwatte stopfen. Die Wendeöffnung von Hand mit dem Matratzenstich (siehe Seite 8) schließen.

Miss Kiss

Größe
45 cm

Vorlagen
10, 39, 55, 56, Vorlagenbogen

Schwierigkeitsgrad
★

MATERIAL

- Baumwollplüsch in Rosa, 45 x 116 cm
- Nickistoffreste in Pink, Rot
- Tierfellimitat „Leopard", 2,5 mm Haarlänge, 35 x 50 cm
- Nähgarn in Rosa, Rot
- Stickgarn in Schwarz
- Knopf in Schwarz, 20 mm Ø
- 2 Knöpfe in Rot, 13 mm Ø
- Füllwatte, ca. 400 g

ZUSCHNEIDEN

Nach den Vorlagen 10, 39, 55 und 56 die Schnittmuster erstellen und den Stoff zuschneiden (siehe Seite 4).

NÄHEN

Die Zuschnitte für die Ohren (je einmal Leopard und rosa Plüsch), die Nase und den Mund rechts auf rechts heften, nähen (Wendeöffnung beachten) und wenden. Nase und Mund mit Füllwatte stopfen und die Wendeöffnung von Hand mit dem Matratzenstich (siehe Seite 8) schließen. Die Kissenteile versäubern. Jeweils zwei gegengleiche Kissenteile an der Mittelnaht rechts auf rechts zusammennähen, dabei an einem Teil eine Wendeöffnung (Hinterkopf) lassen.

Die so entstandenen Teile für das Kissen rechts auf rechts heften, die Ohren laut Vorlage zwischenfassen (siehe Seite 61), nähen und das Kissen wenden. Die Nase mit Nadeln auf dem Kissen fixieren und die roten Knöpfe annähen, dabei durch den Kissenstoff nähen, um die Nase gleichzeitig zu befestigen. Mit einigen Steppstichen von Hand eine Lippenlinie auf den Mund nähen und anschließend den Mund auf das Kissen nähen (siehe Detailfoto).

FERTIGSTELLEN

Den schwarzen Knopf als Auge annähen, für das andere Auge zwei Striche sticken. Das Kissen mit Füllwatte stopfen und die Wendeöffnung von Hand im Matratzenstich schließen (siehe Seite 8). Die Spitzen der Ohren am Kissen fixieren.

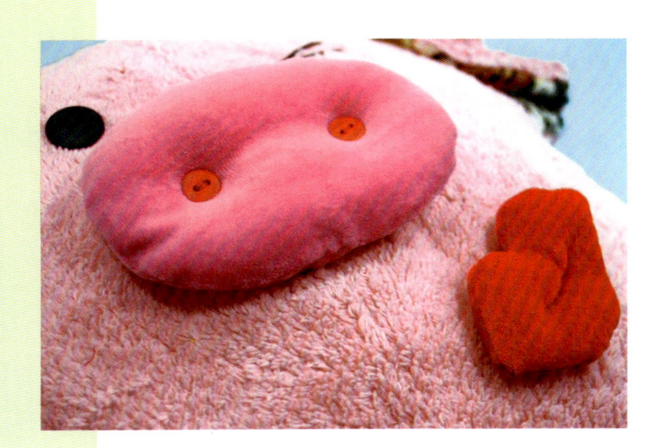

Herz mit Krone

Größe
45 cm

Vorlagen
57, 58, Vorlagenbogen

Schwierigkeitsgrad
★

MATERIAL

- Nickistoff in Gelb, 15 x 35 cm
- Nickistoff in Rot, 40 x 85 cm
- Tierfellimitat „Leopard",
  8 mm Haarlänge, 24 x 35 cm
- 2 Knöpfe mit Schmuckstein, 1 cm Ø
- Nähgarn in Gelb, Rot
- Füllwatte, ca. 300 g

ZUSCHNEIDEN

Nach den Vorlagen 57 und 58 die Schnittmuster erstellen und den Stoff zuschneiden (siehe Seite 4). Das Herz einmal ganz aus rotem Nickistoff zuschneiden, die zweite Seite laut Vorlage entlang der Linie teilen und aus rotem Nickistoff und Leopardenstoff anfertigen.

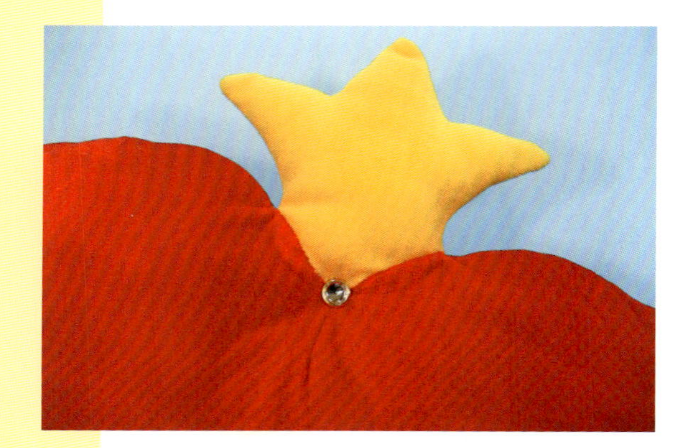

NÄHEN

Für die zweifarbige Herzseite den Nickistoff und den Leopardenstoff rechts auf rechts an der geraden Kante heften und zusammennähen. Die Abnäher (siehe Seite 60) an den Herzhälften rechts auf rechts legen und nähen. Jeweils ein Kronenteil rechts auf rechts an die Einbuchtung einer Herzhälfte heften und nähen. Dabei in zwei Schritten arbeiten, 1–2 und 2–3. Die entstandenen Kissenteile rechts auf rechts heften und rundherum nähen, dabei eine Wendeöffnung von etwa 15 cm an der Seite lassen.

FERTIGSTELLEN

Das Kissen wenden und mit Füllwatte stopfen. Die Wendeöffnung von Hand im Matratzenstich (siehe Seite 8) schließen. Die Knöpfe in der Herzeinbuchtung auf beiden Herzseiten in einem Schritt annähen, dabei etwas zusammenziehen (siehe Detailfoto).

Engelflügel

Größe
30 x 55 cm

Vorlagen
59–62, Vorlagenbogen

Schwierigkeitsgrad
★

Tipp
Der Flügel kann statt mit Herzen auch mit einer Rose (siehe Foto unten) geschmückt werden. Die Rose nähen und mit grünem Satinband am Flügel befestigen.

MATERIAL

Flügel

- Nickistoff in Weiß mit Muster, 35 x 120 cm
- Nähgarn in Weiß
- Füllwatte, ca. 300 g

Herzen

- Nickistoff in Rot, 15 x 65 cm
- Satinband in Rot, 110 cm
- Nähgarn in Rot
- Eventuell getrocknete Kräuter
- Füllwatte (Rest)

Rose

- Nickistoffreste in Grün, Weiß mit Muster
- Nickistoff in Rot, 10 x 60 cm
- Satinband in Grün, 45 cm
- Nähgarn in Weiß, Rot, Grün
- Füllwatte (Rest)

ZUSCHNEIDEN

Nach den Vorlagen 59–62 die Schnittmuster erstellen und den Stoff zuschneiden (siehe Seite 4). Jeweils zwei Herzteile mit und zwei ohne (kleineres Herz) Nahtzugaben anfertigen.

NÄHEN

Flügel

Die Abnäher (siehe Seite 60) der Flügelzuschnitte rechts auf rechts umlegen und nähen. Die Zuschnitte rechts auf rechts heften, nähen (eine Wendeöffnung lassen) und wenden. Den Flügel mit der Füllwatte stopfen und die Wendeöffnung von Hand mit Matratzenstich (siehe Seite 8) schließen.

Herzen

Die Herzzuschnitte rechts auf rechts heften, nähen (Wendeöffnung beachten) und wenden. Die Herzen mit Füllwatte (eventuell Kräuter zugeben) füllen und wie oben beschrieben schließen. In die Mitte des Satinbands eine Schleife binden und diese am Flügel annähen. Jeweils ein Herz an ein Ende des Satinbands nähen.

Rose

Jeweils zwei Blütenblätter rechts auf rechts heften, nähen und wenden. Das Dreieck für den Blütenstiel rechts auf rechts zu einer Spitztüte legen, die Seitennaht nähen und wenden. Ein Blütenblatt an der offenen Nahtkante doppelt legen, die übrigen Blütenblätter versetzt darum herumlegen, mit einigen Handstichen fixieren. In den Blütenstiel etwas Watte füllen, die Nahtzugabe einschlagen, die Blüte hineinstecken und rundherum annähen. Zum Schluss das Satinband umbinden.

JEDER HAT SO SEINE
GEHEIMNISSE ...

Froschkönig

Größe
30 cm

Vorlagen
63–67, Vorlagenbogen

Schwierigkeitsgrad
★★

MATERIAL

- Nickistoff in Dunkelgrün, 30 x 60 cm
- Baumwollstoff, gemustert, in Hellgrün, 30 x 60 cm
- Nickistoffreste in Gelb, Rot
- Lederimitat in Weiß
- 2 Knöpfe in Schwarz, 12 mm Ø
- Nähgarn in Weiß, Gelb, Rot, Grün
- Kirschkerne, ca. 500 g
- Füllwatte (Rest)

ZUSCHNEIDEN

Nach den Vorlagen 63–67 die Schnittmuster erstellen und den Stoff zuschneiden (siehe Seite 4). Das Augenweiß ohne Nahtzugabe aus Lederimitat anfertigen.

NÄHEN

Das Augenweiß auf zwei Schnittteile der Augen nähen (siehe Seite 59) und die Knöpfe als Pupillen annähen. Die Zuschnitte für die Augen, die Krone und die Lippen rechts auf rechts heften, nähen, wenden und leicht mit Watte füllen. Die vorderen Maulteile rechts auf rechts an Bauch- und Rückenteil (B–C–B) heften, dabei beim Rückenteil in der Mitte die Krone und daneben die Augen mitfassen (siehe Seite 61) und nähen. Die Abnäher der Körperteile nähen.

Das Bauch- und das Rückenteil rechts auf rechts (A auf A, D auf D) heften, die Lippen (siehe Detailfoto) seitlich mitfassen und rundherum nähen, dabei die Wendeöffnung nicht vergessen. Die Nahtzugaben in den engen Kurven bis kurz vor die Naht einschneiden, versäubern und den Frosch wenden.

FERTIGSTELLEN

Den Frosch mit den Kirschkernen füllen und die Wendeöffnung von Hand mit dem Matratzenstich (siehe Seite 8) schließen.

Verrücktes Huhn

Größe
55 cm

Vorlagen
68–74, Vorlagenbogen

Schwierigkeitsgrad
★★

Tipp
Dieses Kissen könnte auch mit einem Getreidekissen gefüllt werden, da es einen Reißverschluss enthält.

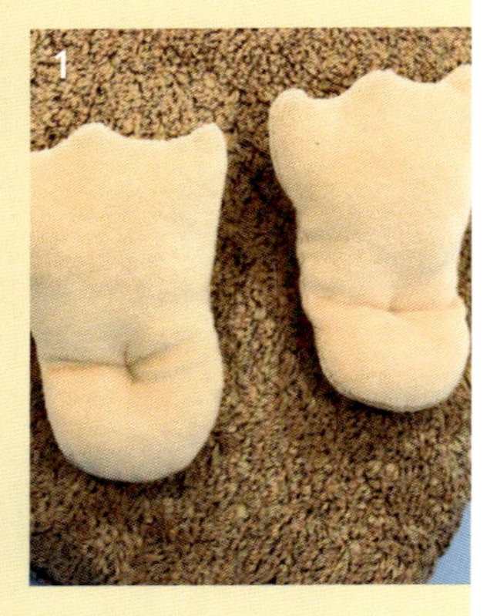

MATERIAL

- Baumwollplüsch in Beige, 42 x 100 cm
- Tierfellimitat „Leopard“, 8 mm Haarlänge, 18 x 50 cm
- Nickistoffreste in Beige, Rot
- Lederimitat in Weiß
- Reißverschluss in Beige, 20 cm
- 2 Knöpfe in Schwarz, 12 mm Ø
- Nähgarn in Rot, Beige, Schwarz
- Stickgarn in Schwarz
- Schlüsselring, 15 mm Ø
- Füllwatte, ca. 250 g
- Kissenfüllung, 40 x 40 cm

ZUSCHNEIDEN

Nach den Vorlagen 68–74 die Schnittmuster erstellen und den Stoff zuschneiden (siehe Seite 4). Die Augen und den Mund ohne Nahtzugaben aus Lederimitat anfertigen. Für das Kissen zwei Quadrate von 42 x 42 cm aus Baumwollplüsch zuschneiden.

NÄHEN

Kissen

Die Schnittkanten der Quadrate versäubern und rechts auf rechts heften. An einer Seite – von den Ecken aus gemessen – jeweils 11 cm nähen. Die Stoffteile auseinanderlegen und in die Nahtöffnung den Reißverschluss einnähen (siehe Seite 58). Den Reißverschluss aufziehen und die übrigen drei Seiten rechts auf rechts nähen. Das Kissen wenden.

Kopf und Füße

Die Zuschnitte für den Kamm, den Kinnlappen, den Kragen und die Füße rechts auf rechts heften, nähen und wenden. Die Füße locker mit Watte füllen, an Füßen und Kragen die Wendeöffnung von Hand mit Matratzenstich (siehe Seite 8) schließen. Auf die Schnabelteile laut Vorlage den Mund nähen (siehe Seite 59). Beide Teile rechts auf rechts heften, nähen und wenden.

An den Kopfteilen die Abnäher nähen, die Teile rechts auf rechts heften, dabei den Kamm und den Kinnlappen zwischenfassen. Die Nähte A–B und C–D nähen. Den Schnabel in die Kopföffnung (A auf A und C auf C) heften und von Hand im Steppstich (siehe Seite 8) annähen, den Kopf wenden.

Das Augenweiß mit den Knöpfen als Pupillen annähen. Den Kopf mit Füllwatte stopfen und die Nahtzugabe am Hals einschlagen. In die Kissenhülle greifen, einen Kissenzipfel in die Halsöffnung schieben und den Hals rundherum von Hand im Matratzenstich annähen.

Am gegenüberliegenden Kissenzipfel 15 cm zur Mitte messen und hier die Füße nebeneinander (mit 10 cm Abstand zueinander) von Hand annähen, dabei von unten durch den Fuß durchnähen (Abb. 1).

FERTIGSTELLEN

Den Kragen um den Hals legen und die Enden mit Handstichen zusammennähen. Den Mund aufsticken (Abb. 2). Mit einer stumpfen Nadel am Kinnlappen vorsichtig ein Loch in das Gewebe drücken und den Schlüsselring als Piercing einziehen. Die Kissenfüllung in das Kissen stecken.

Tigerkatze

Größe
50 cm

Vorlagen
4, 5, 75–79, Vorlagenbogen

Schwierigkeitsgrad
★★

MATERIAL

- Plüsch „Tiger“, 8 mm Haarlänge, 50 x 70 cm
- Baumwollstoff in Weiß, 50 x 70 cm
- Baumwollplüsch in Weiß, 14 x 75 cm
- Lederimitat in Weiß, Rot
- Nähgarn in Weiß, Rot, Orange
- Stickgarn in Rot, Schwarz
- Knopf, 4,5 cm Ø
- Füllwatte, ca. 300 g

ZUSCHNEIDEN

Da der Tigerplüsch sehr dehnbar ist, werden die Plüschteile für Körper, Kopfseitenteil und Hinterkopf noch einmal mit weißem Baumwollstoff unterlegt. Die Schnittteile auf den Baumwollstoff übertragen und beim Zuschneiden den Plüsch (linke Stoffseite oben) gleich darunterlegen.

Für den Körper aus Plüsch und Baumwollstoff jeweils einen Streifen von 30 x 70 cm zuschneiden.

Die Augen, die Nase und den Mund ohne Nahtzugaben aus dem Lederimitat anfertigen. Die Ohren und das Gesichtsmittelteil laut Vorlage zuschneiden.

NÄHEN

Für die Ohren jeweils einen weißen und einen getigerten Zuschnitt rechts auf rechts heften, nähen und wenden. Auf das Kopfmittelteil die Augen, die Nase und den Mund nähen (siehe Seite 59).

Die Teile für den Hinterkopf rechts auf rechts zusammennähen (A–B). Ebenso die Kopfseitenteile von C nach D. Das Kopfmittelteil rechts auf rechts in das entstandene Seitenteil heften (E–D–E) und nähen. Die Mittelnaht von der Nasenspitze über E bis F rechts auf rechts heften und nähen. Die beiden Teile rechts auf rechts heften, dabei die Ohren mitfassen, und nähen. Den Kopf auf rechts wenden und Augen und Mund aufsticken. Zwei Stickgarnfäden als Schnurrhaare einziehen (Abb. 1). Den Kopf mit Füllwatte stopfen.

Die Arme und die Beine rechts auf rechts nähen, wenden und leicht mit Watte füllen. Für den Körper den Zuschnitt aus Baumwollstoff auf die linke Seite des Tigerplüschs heften. An den Schmalseiten versäubern und jeweils 1 cm zur linken Stoffseite einschlagen und nähen. Das Teil mit der rechten Seite nach oben hinlegen (Fellrichtung läuft nach oben), die untere Kante 15 cm hochschlagen, die obere Kante 20 cm herunterschlagen (es überlappen sich 5 cm). Die Seiten heften, Arme und Füße nahe der Bruchkanten mitfassen und nähen. Den Körper wenden.

FERTIGSTELLEN

Am Kopf die Nahtzugabe vom Hals nach innen einschlagen, flach zusammenlegen und mittig an der oberen Körperkante von Hand annähen. Den Knopf oberhalb der Bauchöffnung annähen. Aus Stickgarn eine Schlaufe knoten, durch die der Knopf hindurchpasst, und den Knoten unten auf der Innenkante der Öffnung annähen (Abb. 2).

Cooler Elch

Größe
28 cm

Vorlagen
80–85, Vorlagenbogen

Schwierigkeitsgrad
★★

MATERIAL

- Nickistoff in Braun, 32 x 45 cm
- Baumwollstoff, gemustert, in Braun, 32 x 40 cm
- Nickistoffrest in Rosa
- Lederimitat in Weiß, Beige
- 2 Perlen in Schwarz, 6 mm Ø
- Nähgarn in Beige, Braun, Schwarz
- Kirschkerne, ca. 500 g
- Füllwatte (Rest)

ZUSCHNEIDEN

Nach den Vorlagen 80–85 die Schnittmuster erstellen und den Stoff zuschneiden (siehe Seite 4). Das Augenweiß und das Geweih ohne Nahtzugaben aus Lederimitat anfertigen.

NÄHEN

Die Zuschnitte der Ohren rechts auf rechts nähen und wenden. Das Geweih links auf links legen, knappkantig umnähen, dabei eine Füllöffnung lassen. Etwas Watte in das Geweih schieben und die Öffnung zunähen. Die Nasenspitzen an die Körperseitenteile nähen (B–C). Die Abnäher rechts auf rechts heften, dabei die Ohren zwischenfassen (siehe Seite 61) und nähen. Die Körperseitenteile rechts auf rechts an der Rückennaht (A–D) zusammennähen.

Das Bauch- und das Rückenteil rechts auf rechts (A auf A, D auf D) heften und rundherum nähen, dabei die Wendeöffnung nicht vergessen. Die Nahtzugaben in den engen Kurven bis kurz vor die Naht einschneiden, versäubern und den Stoff wenden. Das Augenweiß aufnähen und darauf die Perlen als Pupillen befestigen. Das Geweih aufnähen (siehe Detailfoto).

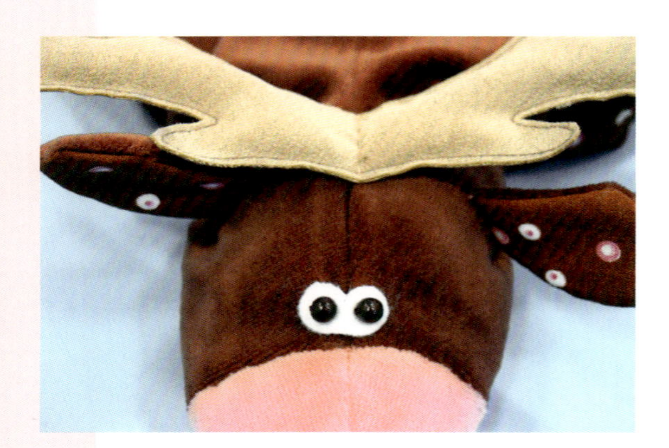

FERTIGSTELLEN

Den Elch mit den Kirschkernen füllen und die Wendeöffnung von Hand mit dem Matratzenstich, wie auf Seite 8 beschrieben, schließen.

Schräger Vogel

Größe
55 cm

Vorlagen
68, 69, 86–89,
Vorlagenbogen

Schwierigkeitsgrad
★★

MATERIAL

- Baumwollplüsch in Grau, 42 x 110 cm
- Baumwollplüsch in Weiß, 20 x 48 cm
- Nickistoff in Beige, 16 x 80 cm
- Lederimitat in Weiß
- 2 Knöpfe in Schwarz, 12 mm Ø
- Reißverschluss in Grau, 20 cm
- Nähgarn in Weiß, Beige, Schwarz
- Stickgarn und Wolle in Schwarz
- Perlmutt-Schmuckknopf „Stern", 1 Loch, 15 mm Ø
- Füllwatte, ca. 250 g
- Kissenfüllung, 40 x 40 cm

ZUSCHNEIDEN

Nach den Vorlagen die Schnittmuster erstellen und den Stoff zuschneiden (siehe Seite 4). Die Augen und den Mund ohne Nahtzugaben aus Lederimitat anfertigen. Für die Beinkränze zwei weiße Plüschteile, je 7 x 14 cm, zuschneiden. Für das Kissen zwei Quadrate, je 42 x 42 cm, aus grauem Baumwollplüsch zuschneiden.

NÄHEN

Kissen

Die Schnittkanten der Quadrate versäubern und rechts auf rechts heften. An einer Seite – von den Ecken aus gemessen – jeweils 11 cm nähen. Die Stoffteile auseinanderlegen und in die Nahtöffnung den Reißverschluss einnähen (siehe Seite 58). Den Reißverschluss aufziehen und die übrigen drei Seiten rechts auf rechts nähen. Das Kissen wenden.

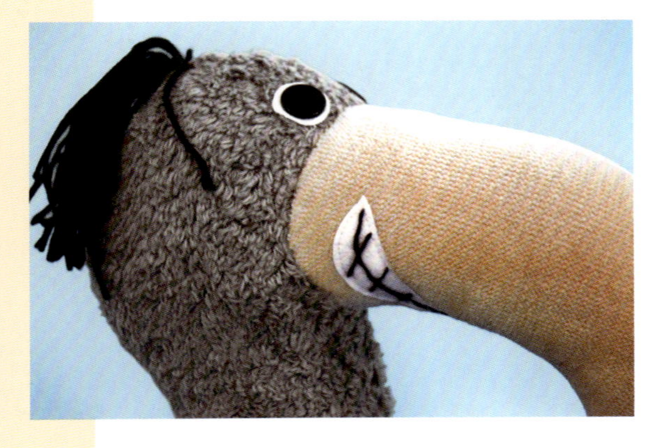

Kopf und Füße

Die Zuschnitte für den Kragen, die Beine und die Füße rechts auf rechts heften, nähen und wenden. Die Füße locker mit Watte füllen, an Füßen und Kragen die Wendeöffnung von Hand mit Matratzenstich (siehe Seite 8) schließen. Für die Beinkränze die Zuschnitte rechts auf rechts zu Schläuchen nähen und wenden. An den offenen Enden mit Heftstich einreihen, die Nahtzugaben nach innen schlagen, zusammenziehen, verknoten und zu Ringen nähen. Die Nahtzugaben der Beine nach innen schlagen und an einem Ende auf die Füße nähen, dabei durch den Fuß durchstechen. Die Plüschringe auf die Beine ziehen.

Nur auf ein Schnabelteil den Mund nähen (siehe Vorlage). Beide Teile rechts auf rechts heften, nähen und wenden. An den Kopfteilen die Abnäher nähen, die Teile rechts auf rechts heften, dabei einige Wollfäden als Haare zwischenfassen. Die Nähte A–B und C–D nähen. Den Schnabel in die Kopföffnung (A auf A und C auf C) heften und von Hand im Steppstich (siehe Seite 8) annähen, den Kopf wenden. Die Augen mit den Knöpfen als Pupillen annähen. Den Kopf und die Beine wie beim Huhn vorbereiten und annähen (siehe Seite 36).

FERTIGSTELLEN

Den Kragen um den Hals legen und die Enden mit Handstichen zusammennähen. Den Sternknopf am Kragen aufnähen. Die Einzelheiten für den Mund aufsticken. Die Kissenfüllung in das Kissen stecken.

Maus & Kuh

Größe
40 x 50 cm

Vorlagen
90–96, Vorlagenbogen

Schwierigkeitsgrad
★

MATERIAL

Für jedes Kissen
- Stickgarn in Schwarz
- 2 Knöpfe in Schwarz, 15 mm Ø
- Kissenfüllung, flach, 40 x 40 cm
- Füllwatte (Rest)

Maus
- Baumwollplüsch in Grau, 40 x 40 cm
- Frottee in Grau, 40 x 50 cm
- Baumwollstoff, gemustert, in Rosa, 20 x 70 cm
- Nähgarn in Rosa, Grau

Kuh
- Baumwollplüsch in Weiß, 40 x 90 cm
- Baumwollstoff, gemustert, in Rosa, 17 x 70 cm
- Lederimitat in Beige
- Wolle in Schwarz
- Nähgarn in Weiß, Rosa, Beige

ZUSCHNEIDEN

Die Schnittmuster erstellen und den Stoff zuschneiden (siehe Seite 4). Für den Kissenkörper der Maus und der Kuh eine Oberseite, 40 x 40 cm, und für die Unterseite zwei Teile, je 25 x 40 cm, aus Baumwollplüsch bzw. Frottee zuschneiden. Für die Kuh die Hörner und Fellflecken aus Lederimitat ohne Nahtzugaben anfertigen.

NÄHEN

Die Schnauzenteile rechts auf rechts heften, nähen, wenden und locker mit Watte füllen. Den Schwanz der Maus rechts auf rechts doppelt legen, nähen und wenden. Für den Schwanz der Kuh ein Stück Baumwollplüsch, 8 x 8 cm, doppelt legen und an zwei Seiten nähen, dabei an der schmalen Seite einige Wollfäden zwischenfassen (siehe Seite 61) und wenden.

Die Zuschnitte für den Kissenkörper versäubern. Die beiden Teile für die Unterseite jeweils an einer langen Kante 1 cm umschlagen und nähen. Diese Kanten überlappend zusammenheften (siehe Detailfoto), sodass ein 40 x 40 cm großes Kissenteil entsteht. Den Zuschnitt für die Oberseite an einer Seite rechts auf rechts auf das Unterteil heften, das Schnauzenteil mittig zwischenfassen und nähen.

Die Nahtzugabe für die Ohren Stück für Stück zur linken Seite umlegen und bügeln. Die Ohren, für die Kuh auch Hörner und Körperflecken, knappkantig auf die Kissenoberseite nähen (siehe Seite 59).

Die übrigen drei Seiten der Kissenteile rechts auf rechts heften, dabei jeweils den Schwanz auf der gegenüberliegenden Seite der Schnauze zwischenfassen, nähen und wenden.

FERTIGSTELLEN

Die Knöpfe als Augen annähen. Den Mund sticken. Die Kissenfüllung in das Kissen stecken.

Blaues Nilpferd

Größe
40 x 50 cm

Vorlagen
93, 97, Vorlagenbogen

Schwierigkeitsgrad
★

MATERIAL

- Baumwollstoff in Hellblau, 40 x 65 cm
- Baumwollstoff in Mittelblau, 40 x 130 cm
- Nähgarn in Hellblau, Blau
- Stickgarn in Schwarz
- 2 Knöpfe in Schwarz, 15 mm Ø
- Kissenfüllung, flach, 40 x 40 cm
- Füllwatte (Rest)

ZUSCHNEIDEN

Nach den Vorlagen 93 und 97 die Schnittmuster erstellen und den Stoff zuschneiden (siehe Seite 4). Für den Kissenkörper das Oberteil, 40 x 40 cm, zweimal aus mittelblauem und einmal aus hellblauem Baumwollstoff zuschneiden. Für die Kissenunterseite zwei Teile, je 25 x 40 cm, aus mittelblauem Stoff zuschneiden. Den Schwanz aus hellblauem Baumwollstoff, 7 x 10 cm, anfertigen.

NÄHEN

Die Schnauzenteile rechts auf rechts heften, nähen, wenden und locker mit Watte füllen. Den Schwanz rechts auf rechts doppelt legen, an zwei Seiten nähen und wenden. Die Zuschnitte für die Kissenoberseite jeweils mit der rechten Stoffseite nach oben aufeinanderlegen, den hellblauen Zuschnitt in die Mitte. Die drei Stofflagen durchnähen (siehe Chenille-Technik).

Die Zuschnitte für den Kissenkörper versäubern. Die beiden Teile für die Unterseite jeweils an einer langen Kante 1 cm umschlagen und nähen. Diese Kanten überlappend zusammenheften, sodass ein 40 x 40 cm großes Kissenteil entsteht. Den Zuschnitt für die Oberseite an einer Seite rechts auf rechts auf das Unterteil heften, das Schnauzenteil mittig zwischenfassen (siehe Seite 61) und nähen.

Die Nahtzugabe für die Ohren Stück für Stück zur linken Seite umlegen, bügeln und knappkantig auf die Kissenoberseite nähen. Für das Gesicht als Markierung einen Halbkreis (von Schnauzenansatz an den Ohren entlang zur anderen Seite der Schnauze) nähen. Nun die oberen beiden Stofflagen der Kissenoberseite vorsichtig mittig zwischen den Nähten bis zum Gesicht aufschneiden. Die Kissenteile rechts auf rechts heften, dabei den Schwanz auf der gegenüberliegenden Seite der Schnauze zwischenfassen, nähen und wenden. Mit einer harten Bürste die aufgeschnittenen Nähte ausbürsten.

FERTIGSTELLEN

Die Knöpfe als Augen annähen. Den Mund aufsticken. Die Kissenfüllung in das Kissen stecken.

Chenille-Technik

Mit dieser Technik entstehen aus glatten Stoffen kuschelige, weiche Modelle. Das Schnittmuster drei bis vier Mal aus dem Stoff zuschneiden. Interessante Farbeffekte ergeben sich bei der Verwendung verschiedenfarbiger Stoffe. Die Stofflagen jeweils mit der rechten Stoffseite nach oben übereinanderlegen. Nun diagonal zum Fadenlauf alle Stofflagen über die ganze Fläche parallel im Abstand von 1,5–2 cm mit geringer Stichweite durchnähen. Die oberen Stofflagen vorsichtig mittig zwischen den Nähten aufschneiden. Hierfür eignet sich ein spezieller Chenille-Schneider sehr gut. Die unterste Stofflage bleibt ganz. Mit einer harten Bürste die aufgeschnittenen Nähte ausbürsten, sodass der Stoff ausfranst.

1
Weltbild

Knurrender Hund

Größe
ca. 50 cm

Vorlagen
98–101, Vorlagenbogen

Schwierigkeitsgrad
★★

Tipp
Wenn Sie in dieses Kissen einen Reißverschluss einnähen (siehe Seite 58), erleichtert dies das Waschen.

MATERIAL

- Baumwollplüsch in Natur, 25 x 140 cm
- Baumwollplüsch in Braun, 43 x 100 cm
- Lederimitat in Weiß, Braun
- Nähgarn in Weiß, Natur, Braun
- Stickgarn in Schwarz
- Füllwatte, ca. 300 g
- Kissenfüllung, flach, 40 cm Ø

ZUSCHNEIDEN

Nach den Vorlagen 98–101 die Schnittmuster erstellen und den Stoff zuschneiden (siehe Seite 4). Für den Kissenkörper einen Kreis, 40 cm Ø, als Papierschnitt erstellen und zweimal aus braunem Baumwollplüsch zuschneiden. Die Augen und den Mund ohne Nahtzugaben aus Lederimitat anfertigen.

NÄHEN

Die Zuschnitte für die Ohren, die Arme und Beine jeweils rechts auf rechts heften, nähen und wenden. Die Pfoten leicht mit Watte füllen. Für den Schwanz ein Stück hellen Baumwollplüsch, 10 x 10 cm, rechts auf rechts doppelt legen, an zwei Seiten nähen und wenden.

Die Kreiszuschnitte versäubern, rechts auf rechts heften, dabei die Arme, Beine und den Schwanz rundherum verteilt entsprechend zwischenfassen (siehe Seite 61). Die Teile zusammennähen und an einer Seite eine Wendeöffnung von etwa 25 cm lassen. Das Kissen wenden.

Die Augen und Nasenspitzen auf die Kopfseitenteile nähen (siehe Seite 59). Den Mund laut Vorlage aufnähen, das zweite Seitenteil bleibt ohne Mund. Die Pupillen und die Zahnreihen aufsticken (siehe Detailfoto). Die Abnäher der Kopfseitenteile rechts auf rechts heften, dabei die Ohren zwischenfassen und nähen. Die Kopfseitenteile rechts auf rechts heften, nähen (Wendeöffnung beachten) und wenden. Den Kopf mit Füllwatte stopfen und die Wendeöffnung von Hand im Matratzenstich (siehe Seite 8) schließen.

FERTIGSTELLEN

Den Kopf von Hand an das Kissen nähen. Die Zehen der Pfoten mit Stickgarn andeuten. Die Kissenfüllung durch die Wendeöffnung in das Kissen stecken und die Öffnung von Hand im Matratzenstich schließen.

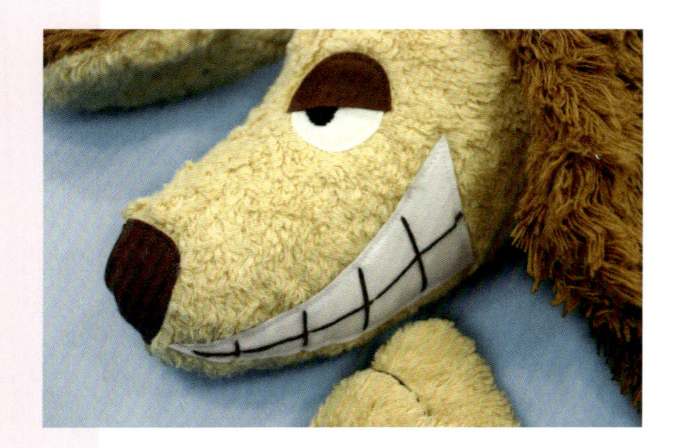

Zischelnde Schlange

Größe
ca. 38 cm

Vorlagen
102–104, Vorlagenbogen

Schwierigkeitsgrad
★

MATERIAL

- Nickistoff in Blau, 45 x 100 cm
- Nickistoffrest in Rot
- Nickistoff, gestreift, 24 x 30 cm
- Lederimitat in Weiß
- 2 Knöpfe in Gelb, 1,5 cm Ø
- Perle in Silber, 5 mm Ø
- Nähgarn in Rot, Blau, Grün (Augen)
- Stickgarn in Schwarz
- Füllwatte, ca. 300 g

ZUSCHNEIDEN

Nach den Vorlagen 102–104 die Schnittmuster erstellen und den Stoff zuschneiden (siehe Seite 4). Die Augen ohne Nahtzugabe aus Lederimitat anfertigen.

NÄHEN

Die Zuschnitte für die gestreifte Schwanzspitze rechts auf rechts an die Körperteile heften und nähen. Die zugeschnittenen Zungenteile rechts auf rechts nähen und wenden.

Am Kopf der Schlange die Abnäher nähen (siehe Seite 60). Die Körperteile rechts auf rechts heften, die Zunge laut Markierung am Schnittteil zwischenfassen. Die Naht ringsherum nähen und eine Wendeöffnung offen lassen, versäubern.

Die Schlange auf rechts wenden und mit Füllwatte ausstopfen. Die Wendeöffnung von Hand mit Matratzenstich (siehe Seite 8) schließen.

FERTIGSTELLEN

Die Knöpfe mit den zugeschnittenen Augen aus Lederimitat unterlegen und annähen (siehe Detailfoto). Dabei am besten mit einer langen Nadel von Auge zu Auge arbeiten und den Faden etwas anziehen. Ebenso mit dem Stickgarn die Nasenpunkte andeuten. Die Perle auf die Zunge nähen.

Schläfrige Raupe

Größe
ca. 40 cm

Vorlagen
102, 105, Vorlagenbogen

Schwierigkeitsgrad
★★

Tipp
Damit die Füllung sich nicht an einer Stelle sammelt, am besten Trennnähte nähen. Hierfür die Raupe flach hinlegen, die Füllung gleichmäßig verteilen und dann mit einem Lineal oder der Hand an verschiedenen Stellen auseinanderschieben. An diesen Stellen nähen (Abb. 2).

MATERIAL

- Baumwollstoff, kariert, 42 x 150 cm
- Baumwollstoff in Schwarz, 42 x 50 cm
- Lederimitat in Weiß, Rot
- Wolle in Schwarz
- Nähgarn in Weiß, Rot, Schwarz
- Stickgarn in Schwarz
- Füllwatte (Rest)
- Getreide, 1 kg

ZUSCHNEIDEN

Nach den Vorlagen 102 und 105 die Schnittmuster erstellen und den Stoff zuschneiden (siehe Seite 4). Den Schnitt für den Körper dreimal aus Karostoff (einmal seitenverkehrt für die Unterseite) und einmal aus schwarzem Baumwollstoff zuschneiden. Augen und Nase ohne Nahtzugaben anfertigen.

NÄHEN

Für die Oberseite auf den Zuschnitt aus schwarzer Baumwolle zwei Zuschnitte aus Karostoff legen, jeweils mit der rechten Stoffseite nach oben. Für das Gesicht 14 cm frei lassen, dann die Stofflagen diagonal zum Fadenlauf (hier über die Karospitzen) im Abstand von etwa 2 cm parallel durchnähen (siehe Chenille-Technik, Seite 46). Die oberen beiden Stofflagen vorsichtig mittig zwischen den Nähten aufschneiden.

Die Augen und die Nase aufnähen (siehe Seite 59). Die Pupillen und den Mund aufsticken (Abb. 1).

Die Zuschnitte für die Füße rechts auf rechts nähen, wenden und leicht ausstopfen. Die Oberseite und die Unterseite des Körpers rechts auf rechts heften, dabei die Füße am Körperende zwischenfassen. Ebenso einige 10 cm lange Wollfäden für die Haare laut Vorlage mitfassen. Die Naht ringsherum nähen (Wendeöffnung beachten) und die Figur auf rechts wenden. Mit einer harten Bürste die aufgeschnittenen Nähte ausbürsten.

FERTIGSTELLEN

Das Getreide durch die Wendeöffnung einfüllen und diese mit Matratzenstich (siehe Seite 8) von Hand schließen.

1

2

Frecher Mund

Größe
70 x 70 cm

Vorlagen
106, 107, Vorlagenbogen

Schwierigkeitsgrad
★★

MATERIAL

- Polsterstoff in Petrol, 80 x 150 cm
- Nickistoff in Weiß, 12 x 150 cm
- Nickistoffrest in Schwarz
- Lederimitat in Rot, 13 x 25 cm
- Baumwollstoff in Schwarz, 80 x 80 cm
- 2 Reißverschlüsse in Petrol, je 30 cm
- Nähgarn in Blau, Schwarz
- Füllwatte (Rest)
- Kissenfüllung, 80 x 80 cm

ZUSCHNEIDEN

Nach den Vorlagen 106 und 107 die Schnittmuster erstellen und den Stoff zuschneiden (siehe Seite 4). Aus dem Polsterstoff ein Quadrat, 70 x 70 cm, und ein etwas größeres, 71 x 71 cm, zuschneiden. Das größere Quadrat diagonal in zwei Dreiecke zerschneiden. Die Zunge ohne Nahtzugabe aus dem Lederimitat anfertigen. Für die Zahnleisten aus weißem Nickistoff zwei Streifen, je 12 x 60 cm, zuschneiden.

NÄHEN

Die weißen Augenteile laut Vorlage 106 rechts und links an das schwarze Augenteil nähen. Die Stoffteile dabei rechts auf rechts legen. Anschließend das Augenlid aus Polsterstoff rechts auf rechts annähen. Jeweils ein einfarbiges und ein mehrteiliges Augenteil rechts auf rechts heften, nähen und wenden. Die Augen leicht mit Watte füllen (Abb. 1).

Die Kissenteile versäubern. Die dreieckigen Zuschnitte an der langen Seite rechts auf rechts legen und von den Spitzen aus auf jeder Seite 19 cm weit nähen. Die Reißverschlüsse in die Nahtöffnung nähen (siehe Seite 58), sie sollen sich jeweils von der Mitte nach außen öffnen.

Die Streifen aus Nickistoff links auf links doppelt legen (6 x 60 cm) und mit schwarzem Garn etwa 4–5 cm breite „Zähne" abnähen. Die Zahnleisten nacheinander auf beiden Seiten unter den Reißverschluss heften, die Bruchkante schaut 1–2 cm hervor (Abb. 2). Auf einer Seite die Zunge mittig mit fixieren. Rundherum, in 2 cm Abstand zum Reißverschluss, die Zahnleisten von der rechten Stoffseite annähen. Die Reißverschlüsse aufziehen.

Die Quadrate für das Kissen rechts auf rechts heften, dabei die Augen – 20 cm von der Spitze entfernt – zwischenfassen (auf die Lage der Zunge achten) und rundherum nähen. Das Kissen wenden.

FERTIGSTELLEN

Den schwarzen Baumwollstoff rundherum versäubern und auf eine Seite der Kissenfüllung nähen. Die Kissenfüllung so in das Kissen stecken, dass die schwarze Seite unter der Mundöffnung liegt.

1

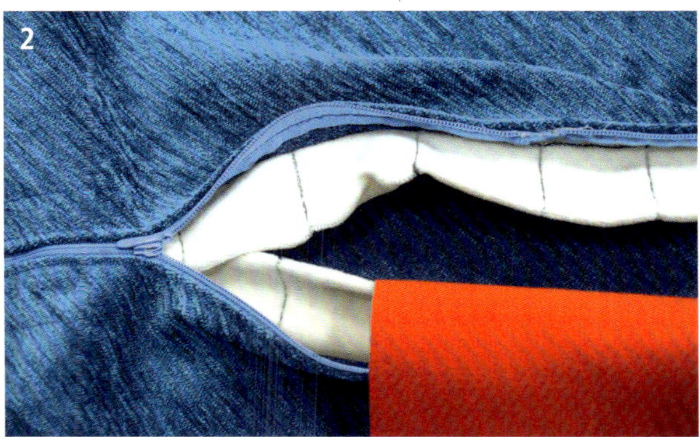
2

Erstauntes Gesicht

Größe
ca. 60 x 60 cm

Vorlagen
108–110, Vorlagenbogen

Schwierigkeitsgrad
★

Tipp
Ein Reißverschluss (siehe Seite 58) in der Seitennaht erleichtert das Waschen des Kissens.

MATERIAL

- Breitcord in Dunkelrot, 85 x 140 cm
- Tierfellimitatrest „Leopard", 2,5 mm Haarlänge
- Lederimitatrest in Weiß
- Baumwollkordel in Schwarz, 6 mm Ø, 80 cm
- 2 Knöpfe in Schwarz, 33 mm Ø
- Nähgarn in Weiß, Dunkelrot, Schwarz
- Kissenfüllung (Schaumstoff), 8 x 60 x 60 cm

ZUSCHNEIDEN

Nach den Vorlagen 108–110 die Schnittmuster erstellen (siehe Seite 4). Die Augen, die Nase und die Zähne ohne Nahtzugaben anfertigen. Zwei Quadrate, je 70 x 70 cm, zuschneiden. Für die Ohren zwei Streifen, je 14 x 23 cm, zuschneiden.

NÄHEN

Auf einen Zuschnitt, 70 x 70 cm, die Teile für das Gesicht heften. Für den Mund von der Kordel 60 cm schneiden, an den Enden je einen Knoten machen und mit Nadeln fixieren. Die Augenbrauen mit 10 cm großen Kordelstücken ebenso vorbereiten. Alle Teile aufnähen. Die Streifen für die Ohren jeweils der Länge nach zur Hälfte rechts auf rechts legen, nähen und wenden.

Die Kissenzuschnitte versäubern und rechts auf rechts heften. Die Streifen für die Ohren, 6 cm von den Ecken aus gemessen, in der Naht über den Augen zwischenfassen (Abb. 1). Rundherum nähen, dabei an einer Seite eine Wendeöffnung von etwa 30 cm lassen. Die vier Ecken 5 cm weit abnähen (siehe Seite 59). Dabei die entsprechende Ecke so falten, dass an der Spitze ein Dreieck entsteht, bei dem die Nähte der Vorder- und Rückseite die Mitte bilden. Dieses Dreieck quer zur bestehenden Naht absteppen. Das Kissen wenden.

Seite für Seite nacheinander jeweils 5 cm von der Naht messen, mit Stecknadeln markieren, die Stecknadeln als Außenkante legen und 1 cm breit absteppen. Auf diese Weise entsteht ringsherum eine Kante. Dieses an allen vier Kissenseiten auf Vorder- und Rückseite ausführen (8 Nähte).

FERTIGSTELLEN

Die Knöpfe als Pupillen aufnähen (Abb. 2). Die Kissenfüllung in das Kissen geben und die Wendeöffnung von Hand im Matratzenstich (siehe Seite 8) schließen.

1

2

Kleine Nähschule

Wie nähe ich einen Reißverschluss ein?

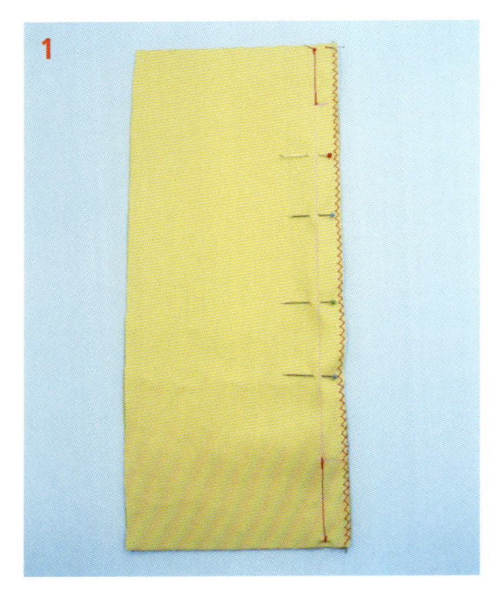

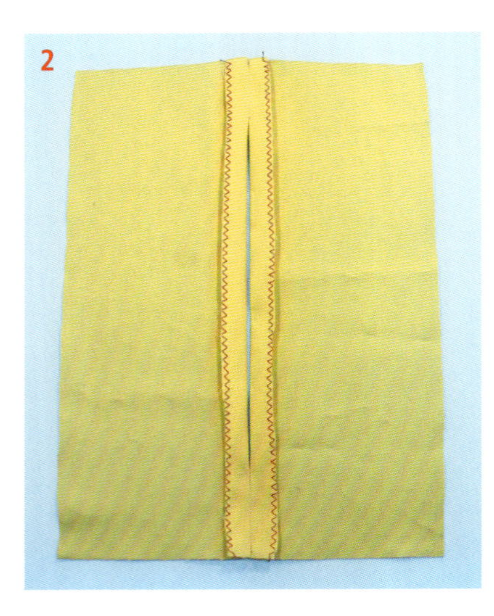

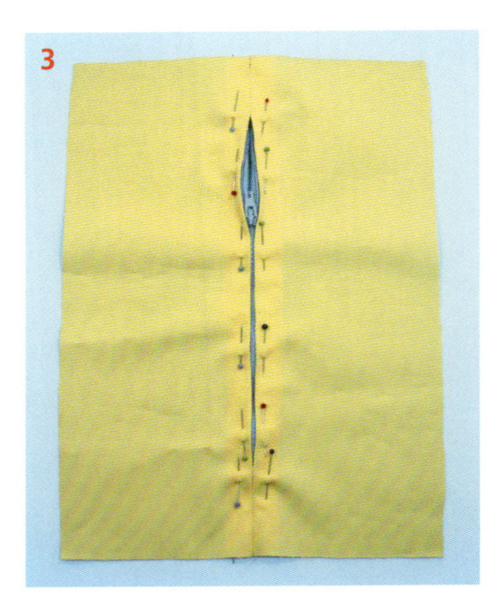

Die beiden Stoffteile zusammenheften und die Naht bis auf den Reißverschlussschlitz zusammennähen (Abb. 1). Die Nahtzugabe der Nahtöffnung nach links umbügeln (Abb. 2), den Reißverschluss dann sichtbar darunterlegen, einheften (Abb. 3) und anschließend feststeppen. An Anfang und Ende des Reißverschlusses jeweils eine Quernaht nähen. Den Reißverschluss aufziehen, bevor das Modell fertiggenäht wird. Dann kann das Modell später gewendet werden. Zum Einnähen des Reißverschlusses ein spezielles Reißverschlussfüßchen benutzen.

Wie nähe ich eine Fußsohle oder eine Schnauze ein?

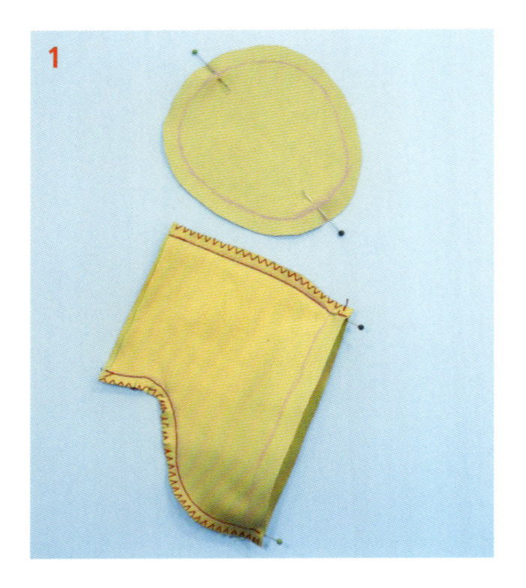

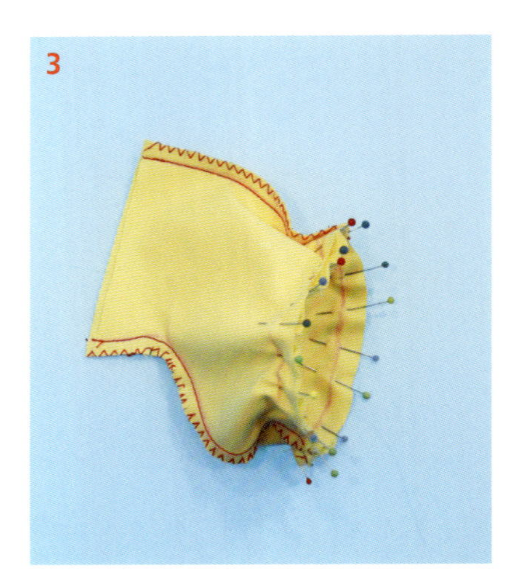

An dem offenen Fuß oder der Halsöffnung zwei sich gegenüberliegende Punkte mit Stecknadeln markieren (hier z. B. an den Nähten), um die Nahtlänge zu halbieren. Ebenso an der Fußsohle oder der Schnauze verfahren (Abb. 1). Die Sohle oder Schnauze an diesen Stellen in der Körperöffnung rechts auf rechts feststecken, dabei Markierungen der Schnittteile beachten (Abb. 2). Nun die Teile weiter rundherum feststecken, je enger die Kurven, desto enger die Nadeln stecken, um Falten zu vermeiden (Abb. 3). Auf der Innenseite des entstandenen „Rings" nähen.

Wie nähe ich Augen, Nase oder Mund auf?

1

2

3

Das Schnittmuster, z. B. für das Auge, herstellen und ohne Nahtzugabe aus dem Lederimitat zuschneiden. Aus dem Papierschnitt für den Kopf das Auge herausschneiden (Abb. 1). Mit Stecknadeln auf dem Schnittteil für den Kopf die Kreidelinie der linken Stoffseite markieren und die Schablone passgenau auf der rechten Stoffseite auflegen. Das Auge aus Lederimitat in dem Ausschnitt platzieren, mit etwas Textilkleber fixieren und antrocknen lassen (Abb. 2).

Die Schablone entfernen und mit kurzer Stichlänge das Auge knappkantig aufnähen (Abb. 3). Die Naht an Anfang und Ende nicht verriegeln, sondern die Fadenenden zur linken Stoffseite durchziehen und verknoten.

Wie nähe ich eine Ecke ab?

1

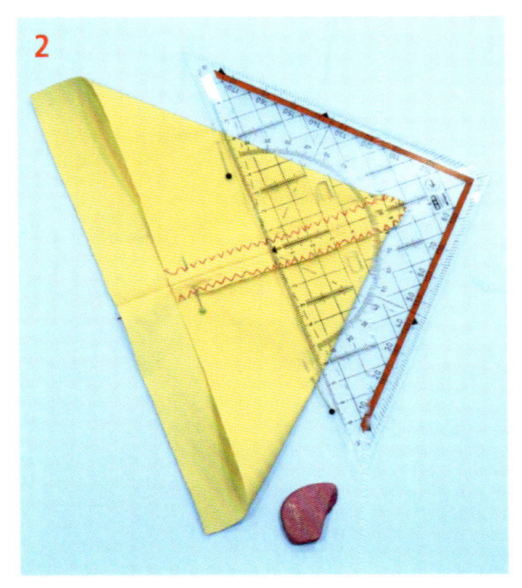
2

3

Die Stoffzuschnitte rechts auf rechts übereinanderlegen, die Seitennähte anfertigen und versäubern (Abb. 1). Die entsprechende Ecke so falten, dass an der Spitze ein Dreieck entsteht, bei dem die Nähte der Vorder- und Rückseite die Mitte bilden. Die Höhe des abzunähenden Dreiecks entlang der bestehenden Naht abmessen (Abb. 2). Dieses Dreieck quer zur bestehenden Naht absteppen, eine Nahtzugabe stehen lassen und den Rest der Spitze abschneiden. Die Kante versäubern (Abb. 3).

Näh-ABC

Abnäher

Den Abnäher bis kurz vor die Markierung (Kreidelinie) einschneiden (Abb. 1). Das Schnittteil umlegen, rechts auf rechts aufeinanderlegen, heften und entlang der Kreidelinie nähen (Abb. 2). Die Nahtzugabe auseinanderstreichen (Abb. 3).

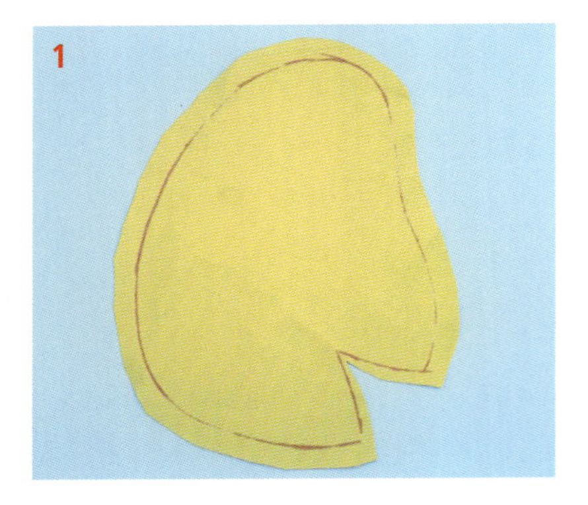

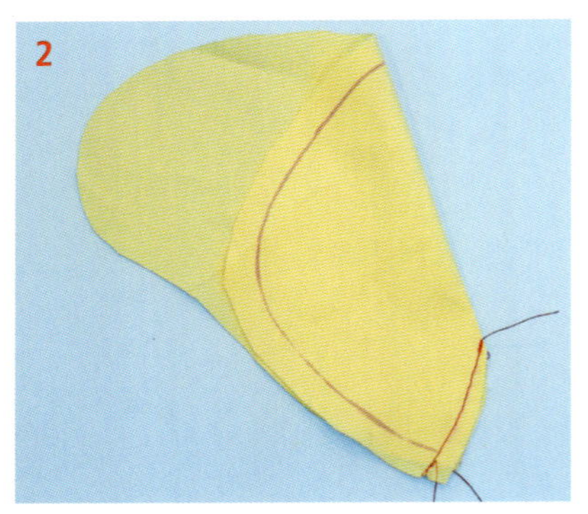

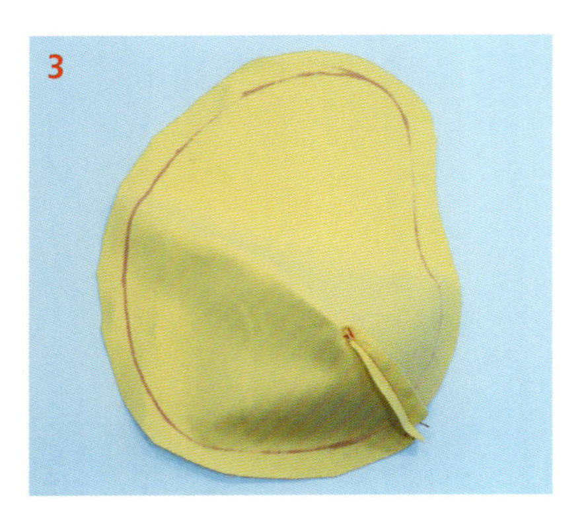

Arbeitsplatz

Zum Übertragen der Schnittteile und Zuschneiden der Stoffe sollte ein ausreichend großer Tisch zur Verfügung stehen. Die Tischplatte am besten mit einem Wachstuch vor Kratzern von Schere und Stecknadeln schützen. Die Stoffe glatt, faltenfrei und im Fadenlauf ausbreiten.

Ausstopfen

Synthetikwatte (Schurwolle) immer als lockere Flocken ineinanderschieben, damit keine Klumpen entstehen. Die Köpfe der Kissenfiguren fester ausstopfen und dabei die Form etwas modellieren. Die Wendeöffnung von Hand im Matratzenstich schließen (siehe Seite 8).

Fadenlauf

Jedes Gewebe besteht aus Kettfäden (längs) und Schussfäden (quer). Der Fadenlauf entspricht der Richtung der Kettfäden und verläuft parallel zur Webkante. Der Zuschnitt sollte im Fadenlauf erfolgen, damit sich das Nähgut später nicht verzieht. Dafür die Markierung der Vorlagen beachten.

Klettband/Klettverschluss

Als Kissenverschluss eignet sich neben dem Reißverschluss auch Klettband sehr gut. Hierfür werden zwei Nylonstreifen (eine raue Seite und eine weiche Seite) benötigt. Die Streifen nach dem Einnähen zusammendrücken. Beim Waschen der Kissen den Klettverschluss schließen, damit andere Stoffe nicht daran hängen bleiben.

Kreisförmige Schnittteile

Große Schnittteile in Kreisform lassen sich mit einem kleinen Hilfsmittel ganz einfach anfertigen. Zunächst ein ausreichend großes Blatt Papier bereitlegen. Einen Bleistift und eine Stecknadel so mit einem Nähgarnfaden verbinden, dass der Abstand von Bleistiftspitze und Nadelspitze den halben Durchmesser des Kreises beträgt. Den Kreis nun wie mit einem Zirkel aufzeichnen.

Nahtzugabe

Wird ein Stoff zu nah an der Kante genäht, reißen Naht und Stoff leicht auf. Deshalb in der Regel beim Zuschnitt 0,5 bis 1 cm Stoff als Nahtzugabe stehen lassen.

Rechte und linke Stoffseite

Jeder Stoff hat eine rechte und eine linke Stoffseite. Die rechte Seite entspricht der Stoffaußenseite. Bei bedruckten Stoffen ist diese leicht zu erkennen, da hier das Muster deutlicher zu sehen ist. Wird ein Stoff rechts auf rechts gelegt, befindet sich die rechte Seite (Stoffaußenseite) innen und die linke Seite (die etwas weniger schöne Stoffinnenseite) außen.

Stichweite/Stichlänge

Der Abstand der Nadeleinstiche zueinander wird als Stichweite oder Stichlänge bezeichnet. Beim Applizieren eher eine kurze Stichlänge wählen, beim Versäubern dagegen können die Stiche weiter auseinanderliegen.

Stoffbruch/Spiegeln

Bei einem doppelt gelegten Stoff entsteht eine Faltlinie, diese wird als Stoffbruch bezeichnet. Auf einem Schnitt bezeichnet der Stoffbruch die Mitte eines Schnittteils und wird an der Faltlinie (dem Stoffbruch) ohne Nahtzugabe aufgelegt. An dieser Stelle entsteht keine Naht.

Bei dicken Stoffen oder schwierigen Formen ist es einfacher und genauer, den Papierschnitt zu spiegeln. Entweder gleich auf dem Papier spiegeln und als ganzes Schnittteil ausschneiden oder die Spiegellinie auf dem Stoff kennzeichnen und den Papierschnitt gegengleich an der Linie erneut anlegen.

Stoffe vorbehandeln

Stoffe, die stark einlaufen könnten, besser vor dem Nähen unter einem feuchten Tuch bügeln oder waschen. Fragen Sie beim Kauf nach dem Einlaufverhalten (als Krumpf bezeichnet) des Stoffes. Das Waschen verhindert auch bei stark gefärbten Stoffen ein späteres Abfärben.

Um die Ecke nähen

Am Ende der Naht den Nähfuß hochstellen, den Stoff bei gesenkter Nadel in die neue Richtung drehen, dann den Nähfuß wieder herablassen und weiternähen.

Verriegeln

Wie beim Nähen von Hand muss auch eine Nähmaschinennaht am Anfang und am Ende vernäht werden, damit sie sich nicht auflöst. Hierfür am Nahtbeginn bzw. Nahtende drei bis vier Stiche vorwärts, dann rückwärts und wieder vorwärts nähen (siehe Foto).

Später sichtbare Nähte, z. B. bei applizierten Augen, nicht verriegeln. Hier die Fadenenden mit einer Nähnadel von der rechten Stoffseite zur Rückseite ziehen und dort die Fadenenden verknoten.

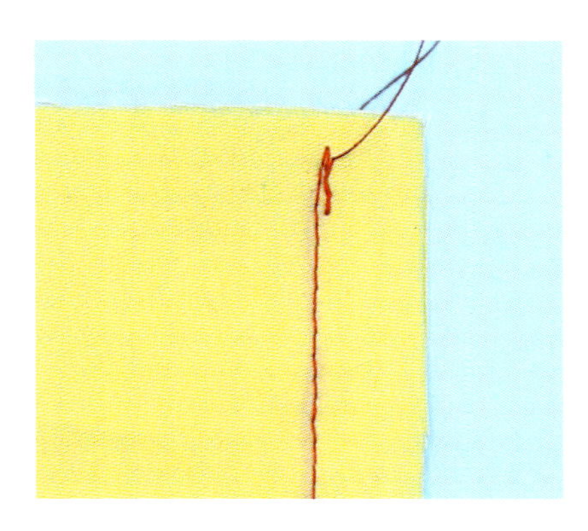

Versäubern

Stoffkanten mit Zickzackstich versäubern, damit sie nicht ausfransen oder ausreißen. Bei einfachen Formen und festem Stoff kann dieses vor dem eigentlichen Nähen geschehen. Formen, bei denen die Nahtzugaben beim Wenden eingeschnitten werden müssen, und bei sehr dehnbaren Stoffen besser jeweils nach dem Nähen einer Naht versäubern.

Wenden

Zum Wenden von runden Formen und engen Kurven die Nahtzugaben in kleinen Abständen bis kurz vor die Naht quer zu dieser einschneiden. Spitzen und Ecken der Nahtzugaben vorsichtig schräg abschneiden. Das Nähgut nun durch die Wendeöffnung stülpen und an den Nähten die Form herausdrücken.

Zwischenfassen

Werden Stoffteile, z. B. Arme, Beine oder Ohren, zwischen zwei Stofflagen mit angenäht, spricht man von „Zwischenfassen". Die vorgenähten Ohren an der vorgesehenen Stelle zwischen die Stofflagen heften (Abb. 1). Vor dem Nähen das Teil zur Probe wenden und den korrekten Sitz prüfen. Außerdem prüfen, ob die Ohren richtig herum zwischengeheftet sind (Abb. 2). Die Naht ausführen (Abb. 3) und die Nahtzugabe versäubern. Das Nähgut wenden.

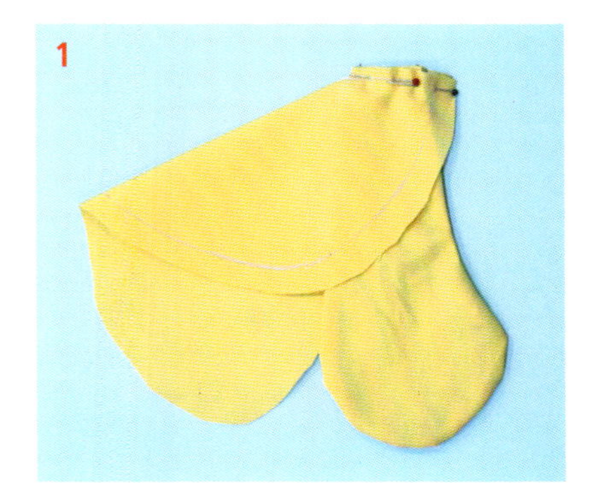

1

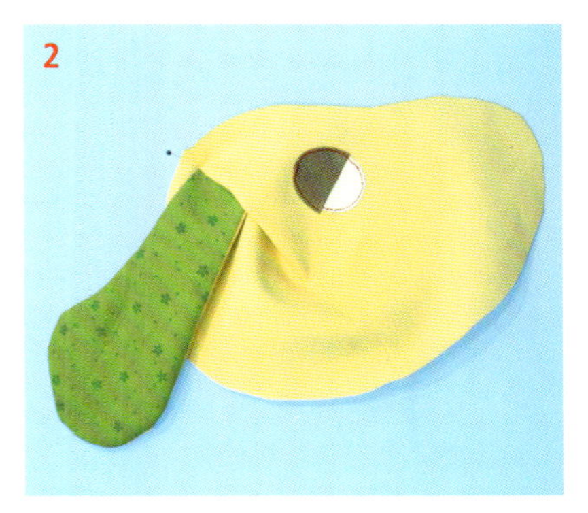

2

3

IMPRESSUM

ISBN 978-3-8410-6020-4
Art-Nr. OZ6020

Redaktion: Gisa Windhüfel, Freiburg
Fotos:
Uli Glasemann, Offenburg: Seiten 11, 13, 17, 23, 27, 29, 31, 33, 35, 41, 45, 47, 49, 54/55, 57
Styling:
Elke Reith, Offenburg: Seiten 11, 13, 17, 23, 27, 29, 31, 33, 35, 41, 45, 47, 49, 54/55, 57
Fotos & Styling:
Roland Krieg, Waldkirch: Seiten 15, 19, 21, 25, 37, 43
Rainer Muranyi, Freiburg: Seiten 39, 51, 53
Arbeits- und Detailfotos:
Marion Dawidowski, Steinhagen
Covergestaltung: Yvonne Rangnitt, Freiburg
Satz: GrafikwerkFreiburg
Reproduktion: Meyle + Müller GmbH & Co. KG, Pforzheim
Druck & Verarbeitung: Himmer AG, Augsburg

BEZUGSQUELLEN

Stoffe:

Bärenstübchen Blümmel
www.baerenstuebchen.de

KnorrPrandell GmbH
www.KnorrPrandell.com

Westfalenstoffe AG
www.westfalenstoffe.de

Nähgarn:

Gütermann AG
www.guetermann.com

Füllmaterial:

Bärenstübchen Blümmel
www.baerenstuebchen.de

KnorrPrandell GmbH
www.KnorrPrandell.com

Rayher Hobby GmbH
www.rayher-hobby.de

Kreativ-Service

Sie haben Fragen zu den Büchern und Materialien? Frau Erika Noll ist für Sie da und berät Sie rund um die Themen Basteln und kreatives Hobby. Rufen Sie an! Wir interessieren uns auch für Ihre eigenen Ideen und Anregungen. Sie erreichen Frau Noll per E-Mail: **mail@kreativ-service.info** oder Tel.: **+49 (0) 5052/91 18 58**
Montag–Donnerstag: 9–17 Uhr / Freitag: 9–13 Uhr